Eli Rygg

Goodbye, Uroma!

Eli Rygg

Goodbye, Uroma!

Aus dem Norwegischen
von Nina Hoyer

 GERSTENBERG

Inhalt

Typisch Uroma!

„Mama, Papa, kommt schnell, die E-Mail von Uroma ist da!", ruft Mikael.

„Schon unterwegs", antwortet Papa und kommt mit Mama in die Küche gestürzt, wo Mikael vor dem Laptop sitzt.

Mikael ist elf, aber groß für sein Alter, das sagen alle. Er hat blonde Locken, blaue Augen, ein Grübchen im Kinn und eine kleine dünne Narbe auf der Stirn, die von einem unfreiwilligen Zusammenstoß mit einem Baum stammt. Den hatte er mal mit dem Dreirad.

Es ist kurz vor fünf. Auf diesen Moment haben sie schon seit gestern gewartet. Da war der Brief von Uroma eingetroffen, in dem sie für heute nach ihrem Mittagsschlaf eine wahnsinnig wichtige E-Mail angekündigt hatte.

Erst ein Brief – und dann noch eine E-Mail? Na, das musste wirklich wichtig sein! Was Uroma wohl diesmal ausgeheckt hatte?

„Donnerlottchen!", ruft Papa aus, „die Mail ist aber an viele gegangen. Guck dir bloß mal die Empfängerliste an, Mikael!" Aber bevor Mikael die E-Mail-Adressen entziffern kann, fängt Papa schon an vorzulesen:

„Liebe Freunde und Verwandte,

ich wollte Euch nur mitteilen, dass ich mich entschieden habe, dieses Jahr am

14. September zu sterben."

Papa verstummt. Er räuspert sich leicht, bevor er weiterliest:

„Und zwar so gegen fünf Uhr nachmittags, wenn alles nach Plan läuft. Es wäre

nett, wenn Ihr mir an diesem Tag Gesellschaft leisten könntet, schließlich ist das

ein besonderer Tag für uns alle. Ich hoffe also, dass Ihr Euch die Zeit nehmt zu

kommen. Mein Haus steht Euch ab acht Uhr offen, damit wir vorher noch ein

bisschen gemütlich beisammensitzen können. Für Essen ist gesorgt. Macht's gut!

Gruß

Uroma

PS: Diejenigen unter Euch, die eine weite Fahrt haben, können gerne bei mir über-

nachten. Aber bringt eigenes Bettzeug mit, denn ich werde nicht mehr zum Waschen

kommen.

PPS: Falls Ihr Zeit habt, könnt Ihr danach ruhig noch länger bleiben. Aber vergesst

nicht, hinter Euch abzuschließen.

PPPS: Und Du, Mikael, denk an Papas Magen und seine Laune. Du weißt schon,

was ich meine."

Papa schüttelt den Kopf, beißt sich auf die Lippe und trippelt mit
den Füßen. Was jetzt wohl kommt?, fragt sich Mikael gespannt.
Papa hat tatsächlich einen nervösen Magen, der immer Ärger
macht, wenn ihn etwas stresst. Und eine Laune, die so unbeständig
ist wie das Wetter im Herbst: erst ein Toben in voller Sturmstärke –

schon bald gefolgt von einer nur noch flauen Brise, die einer Entschuldigung gleicht.

„Nur gut, dass er seinen Gefühlen Luft macht", sagt Mama dann immer zu Mikael.

Mama ist eher eine von der ruhigen Sorte. Mitunter kann sie zwar etwas mürrisch und anstrengend sein, aber meistens ist sie ganz verträglich, findet Mikael. Und wenn sie wütend ist oder auch glücklich, blitzen ihre Augen auf wie Leuchtfeuer.

Mikael kommt wieder Uromas Nachricht in den Sinn und ihm ist froh und traurig zugleich zumute.

Papas Oma ist nicht wie andere Omas. Mikael besucht sie häufig – und das nicht etwa, um ihr einen Gefallen zu tun, sondern weil es ganz einfach Spaß macht, Zeit mit ihr zu verbringen. Uroma liebt Schifferklaviermusik, aber noch lieber hört sie Elvis Presley. Sie singt und tanzt Rock ’n’ Roll und hat sogar Bilder von Elvis an der Wand! Uroma ist anders als alle, die Mikael kennt. Sogar ihre Kleidung ist anders. Sie näht und färbt alles selbst – was man auch deutlich sehen kann. Und sie läuft in Holzschuhen oder Gummistiefeln umher. Uroma hat schütteres graues Haar, das herunterhängt – so wie ihr Bauch. Uromas Bauch ist so warm und weich wie ein Hefeteig, das weiß Mikael von früher, als er noch klein war. Ihre grünen Augen sehen ein bisschen aus wie Froschaugen: groß, weit auseinanderstehend und stärker hervortretend als normal. Außerdem ist Uroma klein – kleiner noch als Mikael. Als er jünger war, fand er es doof, dass sich alle über ihre Kleider lustig machten, mit dem Finger auf sie zeigten und um die Wette glotzten. Manche haben sie sogar ausgelacht! Aber Uroma wurde deshalb nie böse, nein, sie lachte einfach mit. „Die haben wohl selbst ein paar Probleme", hat sie Mikael dann immer verschwörerisch zugeflüstert.

„Jetzt ist sie völlig verrückt geworden", seufzt Papa und reißt Mikael damit aus seinen Gedanken. Papa schaltet den Computer aus, greift nach einer Streichholzschachtel und zündet die Kerze an, die auf dem Tisch steht.

„Typisch Uroma! Bei ihr muss immer alles besonders ausgefallen sein", klagt Mama.

„Sie kann doch nicht einfach so sterben", jammert Papa.

„Also ich finde Uroma toll!" Mikael steht auf und geht zum Wasserhahn, um sich etwas zu trinken zu holen. „Ich will ja auch nicht, dass sie stirbt, aber das ist schließlich ihre Entscheidung."

„Sie ist doch noch im besten Alter", meint Papa.

Mikael guckt ihn an. Was will Papa denn damit sagen?!

„Papa! Uroma ist schon über neunzig!"

Aber Mama und Papa sagen erst mal gar nichts mehr, sie seufzen und murmeln nur vor sich hin.

Mikael sagt auch nichts mehr. Da ist allerdings etwas, das er nicht richtig versteht.

„Kann man denn einfach für sich beschließen zu sterben?", fragt er, trinkt einen Schluck und sieht seine Eltern an.

„Keine Ahnung", meint Papa kopfschüttelnd und erhebt sich

vom Stuhl, nur um sich sofort wieder daraufsinken zu lassen. Er sieht aus dem Küchenfenster.

„Ich weiß nur, dass Tiere manchmal spüren, dass sie sterben müssen, und ich habe gelesen, dass es Indianer gibt, die von ihrem Stamm weggehen, wenn sie merken, dass ihr Leben zu Ende geht", antwortet Mama, während sie ein paar Krümel vom Tischtuch fegt.

„Uroma hat doch Katzen so gern, vielleicht hat sie es sich ja von denen abgeguckt?", wirft Mikael ein.

„Sie ist so was von stur, wenn sie sich etwas in den Kopf gesetzt hat! Vielleicht gelingt es ihr tatsächlich, allein durch bloße Willenskraft zu sterben", wendet Papa ein, steht auf und holt seinen Terminkalender aus der Kommode im Flur. Er blättert.

„14. September, das ist nicht mehr lange hin. Nein, das geht nicht! Das geht gar nicht, das ist ein ganz blödes Datum. Da hab ich den ganzen Tag über Sitzungen", grummelt Papa, breitet in einer hilflosen Geste die Arme aus und nimmt wieder am Tisch Platz.

„Und ich habe nachmittags einen Friseurtermin. Ob ihr überhaupt klar ist, welche Umstände sie uns mit ihren komischen Einfällen macht?", seufzt Mama erneut.

Mikael guckt von einem zum anderen. Mannomann!, denkt er.

Schulfrei

„Ich will aber morgen zu Uroma fahren!" Mikael ruft so laut, dass
Papa zusammenzuckt, seinen Kaffee verschüttet und einen Fluch
ausstößt.

Den Tag nach Uromas Nachricht hat Papa auf dem Sofa verbracht. Er müsse sich von dem Schock erholen, hatte er gemeint.
Ihm wäre im Traum nicht eingefallen, dass Uroma schon so bald
sterben könnte, hatte er Mikael gestanden, als dieser von der Schule
kam. Er sei furchtbar wütend auf sie, verärgert und wütend!

Mikael hat seinen Vater erst zweimal so aufgelöst erlebt. Einmal, als Mikaels Opa, den er nie kennengelernt hat, von heute auf
morgen gestorben war. Papa hatte keinen Kontakt mehr zu ihm
gehabt. Eine alte Dame hatte ihn an einem stinknormalen Abend
angerufen und es ihm gesagt. Aber Opa muss ihm doch viel bedeutet haben, auch wenn Papa wenig von ihm wusste. Er war
außer sich vor Wut auf Opa gewesen – obwohl er schon tot war.
„Das hätte er ja mal rechtzeitig ankündigen können, ich hätte ihm
gern noch so vieles gesagt!", hatte er ständig wiederholt. Es ging
ihm furchtbar schlecht und noch Tage später hatte er Magenschmerzen.

Papas Mutter war schon vor langer Zeit gestorben, als er noch ganz klein war. Kein Wunder also, dass Papa Uroma so lieb hat, schließlich ist er bei ihr aufgewachsen.

Mamas Eltern leben noch, aber sie wohnen ziemlich weit im Süden. Für Mama ist das völlig in Ordnung. Und so sieht Mikael seine Großeltern auch nur einmal im Jahr, im Sommer. Er kennt sie kaum. Jedenfalls nicht so, wie er Uroma kennt. Wenn Mama und ihre Eltern sich sehen, dauert es allerhöchstens zwei Tage, bis sie sich in die Haare kriegen. Daran sind sie vermutlich schon so gewöhnt, dass sie gar nicht mehr anders können. Auch wenn sie sich eigentlich gern haben, wie Mama meint. Aber sie streiten jedes Mal so fürchterlich, dass Mama es nie lange mit ihnen unter einem Dach aushält.

Mikael macht das inzwischen nicht mehr so viel aus, so ist es nun mal. Nachdem Mikael gelernt hat, mit dem Computer umzugehen, haben sie sich ein paarmal gemailt. Aber Uroma hat er am allerliebsten.

Mikael hat Papa nur noch ein weiteres Mal so aufgelöst erlebt, und zwar, als sich eine Spinne ins Bad verirrt hatte. Papa hatte inmitten von Schaumbergen in der Badewanne gelegen, als sich die Spinne vor seinen Augen an einem Faden von der Decke herunterließ. Das war vielleicht eine Schweinerei gewesen – überall Wasser und Seifenschaum! Papa war nackig und triefend ins Zimmer gerannt und hatte so mit den Armen gefuchtelt und geschrien – man hätte glauben können, er hätte ein Ungeheuer erblickt. Er hatte sich erst wieder ins Badezimmer getraut, nachdem Mama die Spinne gefangen und sie auf der Veranda ausgesetzt hatte. Seitdem sucht Papa immer erst das ganze Bad nach Spinnen ab, bevor er in die Badewanne steigt.

Mama dagegen hat nur Angst vor Mäusen. Wenn sie eine Maus sieht, wird ihr ganzer Körper stocksteif – bis auf ihren Mund. Der kreischt. Und wie!

Einmal hat Mikael eine winzig kleine Waldmaus davor gerettet, von einer Katze gefressen zu werden, und hat sie mit auf sein Zimmer genommen. Als Mama sie unter seinem Bett hin und her wetzen sah, kam ihre Nachbarin auf ihr Geschrei hin angerannt und hat gefragt, ob sie die Polizei rufen solle.

Gestern hat Mikael Uroma angerufen und lange mit ihr gesprochen. Uroma möchte gern, dass Mikael sie besuchen kommt und ihr dabei hilft, all das zu regeln, was sie vor ihrem Tod noch erledigen muss. Und Mikael möchte unbedingt kommen. Ja, er möchte nichts lieber, als bei Uroma zu sein. Bald würde sie tot sein, und was dann? Mit wem sollte er dann reden? Darüber will er im Augenblick nicht nachdenken. Alles, was er will, ist jetzt zu ihr zu fahren.

„Kommt gar nicht in die Tüte!", hat Papa gesagt, als er ihn zum ersten Mal gefragt hat. „Jetzt ist sie völlig übergeschnappt. Typisch Uroma. So lebensfroh, wie sie ist – warum sollte sie da sterben? Das geht einfach nicht. Nein, das ist völlig unmöglich!"

Und heute hat Papa ganz plötzlich auffallend viel Interesse für

Mikaels Schularbeiten bekundet. So viel Aufhebens hat Papa noch nie von Mikaels Schularbeiten gemacht. Noch nie hat er davon geredet, wie wichtig doch Bruchrechnung und Englisch sind und was die alten Ägypter so getrieben haben.

Mikael ist sauer. Außerdem hat er so einen blöden Kloß im Hals. Aber seine Wut ist noch größer; die Worte brechen geradezu aus ihm heraus: „Es sind doch nur noch zwölf Tage, bis sie stirbt, Papa. Ich hab noch nie die Schule geschwänzt, nur wenn ich krank war, bin ich nicht da gewesen." Er lässt sich mit verschränkten Armen auf den Stuhl fallen und sieht seinen Vater an.

„Mensch, Papa! Ich will doch auch nicht, dass sie stirbt. Und ich finde es genauso seltsam wie du, dass sie sich so plötzlich dazu entschlossen hat. Aber es bleibt nicht viel Zeit, und diese Zeit will ich bei ihr sein. Außerdem hat sie keinen, der sie versteht. Ihr seid ja bloß wütend auf sie." Mikael ist von seiner langen Rede ganz außer Atem.

„Okay, okay", seufzt Papa und Mikael erkennt erleichtert, dass der Kampf gewonnen ist. „Also gut. Ich rufe deinen Klassenlehrer an und frage."

Papa holt einen Wischlappen, wischt die Kaffeelache auf, tupft sich danach geistesabwesend mit dem Lappen die Stirn ab, versinkt einen Moment in Grübeleien und hebt dann verzweifelt den Kopf.

„Aber was soll ich denn sagen?"

„Na, du sagst einfach, dass Uroma bald sterben wird und ich bei ihr sein möchte", erwidert Mikael, holt das Handy von der Küchenanrichte und reicht es seinem Vater.

„Das ist doch völlig verrückt", murmelt Papa und schwitzt, während er im Speicher nach der Nummer sucht. „Warum kann sie nicht ganz normal, wie alle, sterben?"

Er nimmt eine aufrechte Haltung an, wie um sich für das Gespräch zu wappnen. Kurz darauf hört Mikael eine Stimme antworten, das muss sein Klassenlehrer sein.

„Ja, äh, hallo, hier spricht der Vater von Mikael Nilsen."

Papa fängt an, im Kreis auf dem Küchenfußboden umherzutigern, wie immer, wenn er ein schwieriges Telefonat führt.

„Bei uns ist etwas passiert, das … Nein, nein, Mikael ist nicht krank. Ja, äh, natürlich kommt er morgen in die Schule. Also, hm, es geht um jemand anders, dem es nicht so gut geht. Ja, aus der Familie, könnte man sagen", erwidert er unsicher und legt beim Gehen noch einen Zahn zu. Mikael versucht seinem Vater zu signalisieren, dass er sich entspannen soll.

„Ruhig, Papa, ganz ruhig", flüstert er ihm mit übertriebenen Mundbewegungen zu.

„Nein, nein, um sie geht es nicht. Es geht um Oma, Mikaels Uroma also. Sie hat den Entschluss gefasst zu sterben", schiebt Papa schnell hinterher.

„Maschinen? Nein, nein, sie ist an keine Maschinen angeschlossen, nein, da wird nichts abgeschaltet. Wir sollen lediglich die Tür schließen, wenn wir gehen. Momentan ist sie so munter wie ein

16

Fisch im Wasser. Sie hat sich nur dazu entschlossen, eines völlig natürlichen Todes zu sterben, und Mikael ist genauso entschlossen, bis dahin bei ihr zu bleiben." Papas Stimme überschlägt sich jetzt fast vor Eifer.

„Aber er könnte seine Bücher und Hefte doch mitnehmen", fährt er fort und dreht wieder schneller seine Runden. Mikael kann die Stimme seines Lehrers bis in den letzten Winkel der Küche, wo er sitzt, hören.

„Aber sie kann Mikael doch bei den Aufgaben helfen, auch wenn sie demnächst stirbt! Sie kann immer noch scharf genug sehen und lesen und ihr Elektroauto fahren", wendet Papa nun etwas gereizt ein. Er atmet ein paarmal tief ein, während er zuhört, was der Lehrer sagt.

„Was? Nicht? Keine Ferien? Was um alles in der Welt ist das denn? Kein Grund für Unterrichtsbefreiung?" Jetzt braucht er für seinen Kreis fast nur drei Schritte, zählt Mikael mit. Sein Vater ist schweißgebadet. Seine Stirn ist ganz nass und sein Hemd hat feuchte Flecken unter den Achseln.

„Ja, ist denn das die Möglichkeit! Ich will den Rektor sprechen. Morgen komme ich in die Schule. Wiederhören!" Papa knallt das Telefon auf den Küchentresen und rennt ins Bad.

Blitzschnell überlegt Mikael, was er machen könnte. Soll er vielleicht selbst mit seinem Rektor sprechen? Er muss doch einsehen, wie wichtig es ist, dass er zu Uroma fährt.

Dann hat er auf einmal die Idee: Vielleicht könnte Uroma ja

kommen und persönlich mit dem Rektor reden? Sie kann die Sache schließlich am besten erklären. Und sie ist früher schon in seiner Schule gewesen, immerhin hat sie jedes, aber wirklich jedes Theaterstück angeguckt, das seine Klasse aufgeführt hat. Und seinem Rektor ist sie auch schon begegnet – das hat er bestimmt nicht vergessen, so wie sie ihm damals die Hand geschüttelt hat. Der Rektor hatte mindestens zehn Mal hintereinander Guten Tag sagen müssen, bis Uroma endlich von ihm abließ.

Von Papa ist noch nichts zu sehen. Mikael macht den Computer an und wartet, bis er hochgefahren ist. Er gibt Uromas E-Mail-Adresse ein und schreibt:

Hallo Uroma! Könntest Du morgen in meine Schule kommen? Du musst mit dem Rektor sprechen, damit ich freikriege, bis Du stirbst. Grüße, Mikael

Mikael klickt auf „Senden" und fängt ein Computerspiel an, während er auf die Antwort wartet. Er kann hören, dass seine Eltern miteinander reden.

Dann kommt Papa wieder in die Küche. Jetzt ist er bestimmt nicht mehr so wütend oder gestresst, also erklärt Mikael ihm, was er gemacht hat. Papa sieht auf einmal ganz verwirrt aus.

„Ja … gut …", erwidert er. „Dieser Lehrer hat mich irgendwie nicht verstanden – so wie ich ihn nicht verstanden habe. Uroma verstehe ich genauso wenig und mich selbst auch nicht mehr. Ich versteh gerade nur noch Bahnhof. Wenn ihr das regeln könnt – prima."

Er schüttelt den Kopf und murmelt fortwährend irgendetwas vor sich hin, während er im Wohnzimmer verschwindet. Mikael hat den nächsten Level seines PC-Spiels erreicht, als Uroma antwortet:

Passt perfekt! Muss morgen Vormittag zur Routineuntersuchung, sehe Dich um halb neun vor der Schule. Over and out.

Gruß, U.

Paragraf 4 Absatz 35

Plötzlich sieht Mikael Uroma. Sie steht in einem roten Rock vor ihrem knallgelben Auto auf dem Lehrerparkplatz und hält nach ihm Ausschau.

Er schwenkt die Arme und ruft, als er so nahe ist, dass sie ihn hören kann: „Hallo, Uroma, hier bin ich!"

„Ahoi, jetzt sehe ich dich, bin schon da!" Uroma läuft so schnell sie kann zum Schuleingang.

Zusammen betreten sie den Schulhof. Mikael merkt, wie sie angestarrt werden, aber das ist ihm egal. Langsam gehen sie die Treppe zum Lehrerzimmer hoch. Hoffentlich bekommt er frei, um bei Uroma zu sein. In seinem Bauch kribbelt es. „Mach dir keine Sorgen, Mikael, ich kümmere mich um die Sache." Uroma lächelt ihm zu und klopft an die Tür. Sie hören, wie sich Schritte nähern, dann öffnet ihnen der Sportlehrer. Mit einem fragenden Gesichtsausdruck sieht er zuerst Uroma, dann Mikael an. Er trägt schon seinen bunten Trainingsanzug, grün mit gelben Streifen an den Armen. Auf seinem Kopf sitzt wie immer eine Baseballmütze und seine Zähne stehen etwas vor – auch wie immer.

„Guten Tag", grüßt Uroma. „Ich muss den Rektor sprechen."

Zügig macht sie einen Schritt vor und zieht Mikael mit sich.

„Haben Sie einen Termin bei ihm?"

Wie es scheint, ist der Sportlehrer guter Laune. Zuerst lächelt er Uroma an, dann schenkt er Mikael ein Lächeln und nickt ihm zu. Mikael nickt zurück.

„Ich fürchte, nein, aber es ist sehr wichtig." Uroma lächelt ebenfalls.

Sein Sportlehrer geht zu einer anderen Tür, klopft an und tritt ein. „Das Büro des Rektors", flüstert Mikael Uroma zu.

Mikael sieht seinen Klassenlehrer auf dem Sofa am Fenster des Lehrerzimmers sitzen. Olav Olsen heißt er, hat eine schwarze Brille und eine Glatze. Mikael hebt die Hand zur Begrüßung. Sein Lehrer steht auf und kommt zu ihnen herüber. Olav hinkt ein wenig beim Gehen. Sein eines Bein ist eineinhalb Zentimeter kürzer als das andere und sein Haartrimmer auf drei Millimeter Länge eingestellt – das hat er der Klasse erzählt. Olav sieht Mikael fragend an und grüßt Uroma mit einer leichten Kopfbewegung.

„Das ist Uroma", stellt Mikael vor, gerade als es zur ersten Stunde klingelt.

Olav begrüßt Uroma. „Sie kommen heute schon?", fragt er. „Dann eilt es sicher?"

„Ja, es dauert nur noch ein paar Tage. Mir kommt es so vor, als ob die Zeit noch schneller als sonst vergeht, seitdem ich meinen Todeszeitpunkt festgelegt habe", erwidert Uroma rasch. Sie sieht zur Tür des Rektors, die aufschwingt.

Gefolgt vom Sportlehrer kommt Mikaels Rektor auf sie zu. Mikael guckt Olav an. Der hat schon immer ein langes Gesicht gemacht, aber so lang wie heute war's noch nie. Er sieht Uroma an, als würde ihm jeden Moment die Kinnlade runterfallen.

„Äh, ja. Natürlich, natürlich", antwortet Olav leicht verunsichert. Doch irgendwie gelingt es ihm, seine Fassung wiederzugewinnen. Er wendet sich Mikael zu und tätschelt ihm freundschaftlich die Schulter. „Mikael, du musst dich jetzt von deiner Uroma verabschieden, der Unterricht wartet."

Olav eilt in Richtung Flur, ohne noch mehr zu sagen. Mikael dreht sich zu Uroma um.

„Unterricht? Hallo? Halt, Herr Lehrer!" Uroma macht ein paar Schritte auf ihn zu und winkt Olav zu sich heran, der sich verdutzt umdreht. „Mikael soll doch wohl nicht zum Unterricht? Darum geht es doch gerade!" Uromas Stimme klingt fest.

Mikaels Blick wandert von seiner Uroma zu Olav.

Uroma hat recht, überlegt er in Windeseile. Außerdem wollte ich doch mit zur Untersuchung!

„Hat er denn die Erlaubnis, dem Unterricht fernzubleiben?" Olav sieht immer noch ganz durcheinander aus.

„Was heißt schon Erlaubnis? Das dürfte wirklich kein Problem sein, schließlich geht es hier um Leben und Tod. Das sind doch die wichtigsten Dinge überhaupt, von denen dazwischen mal abgesehen, oder?", gibt Uroma zur Antwort und greift nach Mikaels

Arm. Mikael guckt seinen Lehrer an, ihm wird ein bisschen mulmig zumute. Denn jetzt ist Olav wütend.

„Das gibt dann aber einen Eintrag ins Klassenbuch wegen unentschuldigten Fehlens im Unterricht!" Olav ist sichtlich verärgert, sein Gesicht wird ganz rot.

Inzwischen ist der Rektor bei ihnen. Olav nickt ihm kurz zu, bevor er sich umdreht und den Korridor hinuntereilt.

„Nur die Ruhe, Mikael. Ein Eintrag ins Klassenbuch ist nicht weiter schlimm", flüstert Uroma ihm ins Ohr.

Dann richtet sie sich auf, ergreift die Hand des Rektors und schüttelt sie kräftig.

„Freut mich, Herr Rektor. Das war ja eine schöne Aufführung neulich!"

„Ebenfalls, ebenfalls. Äh, ich meine, freut mich sehr", erwidert dieser, bringt aber nur ein schwaches Lächeln zustande, wie Mikael bemerkt.

Sie betreten das Büro des Rektors. Vor seinem Schreibtisch stehen zwei Stühle. Mikael ist noch nie hier gewesen. Auf dem Schreibtisch liegt stapelweise Papier. Der Rektor bittet sie, Platz zu nehmen. Mikael bemerkt, dass Uroma Schwung holen muss, um auf den Stuhl zu kommen, der ein bisschen zu hoch für sie ist.

Der Mann trägt eine grüne Anzugjacke und hat graues Haar, das er immerzu nach hinten streicht. Mikael lässt den Blick durch das große lichtdurchflutete Zimmer schweifen. Hinter dem Schreibtisch zieht sich eine Reihe hoher Fenster und an der gegenüberliegenden Wand stehen Schränke.

„Schön haben Sie es hier", ergreift Uroma das Wort.

„Schön zu hören", murmelt der Rektor als Erwiderung.

Mikael sagt nichts.

Der Mann weiß offensichtlich nicht so richtig, wie er das schwierige Thema anschneiden soll. Er rutscht auf seinem Stuhl herum und fummelt am Knopf seines Anzugärmels.

„Ja, äh … Sie haben Mikael eingeladen, bei Ihrem Tod dabei zu sein", leitet der Rektor das Gespräch ein.

„Korrekt", antwortet Uroma wie aus der Pistole geschossen. „Am 14. September um 17 Uhr, um genau zu sein", ergänzt sie.

„Nun, üblicherweise bekommt man nur für etwas besonders Schönes frei, für einen Familienurlaub oder etwas in der Art. Mittlerweile gibt es da auch gewisse Einschränkungen … und … äh … ja …" Der Rektor blättert einen Stapel Papiere durch, als ob er nach etwas sucht.

„In meinem Alter ist der Tod etwas ganz Natürliches, werter Herr Rektor. Alles hat einen Anfang und ein Ende. Ich bin davon überzeugt, dass mein Tod Anlass zu einer netten Familienfeier geben wird. Ich freue mich sogar darauf."

Mikaels Rektor wirft ihr einen unsicheren Seitenblick zu, während er immer noch nach irgendwelchen Papieren sucht. Sein Haar, das eben noch glatt nach hinten fiel, ist ihm ins Gesicht gerutscht. Schnell streicht er es wieder zurück. Er macht einen leicht

24

verzweifelten Eindruck, findet Mikael. Der Rektor hebt an, etwas zu sagen, aber es will ihm nicht richtig gelingen. Stattdessen dringen nur ein paar seltsame Geräusche aus seiner Kehle.

Uroma begreift offenbar nicht, woher die Laute stammen. Sie spitzt die Ohren und horcht auf.

„Psst! Dieses Geräusch kenne ich irgendwoher, Mikael. Das ist doch ein Vogel! Krächz, krächz, krächz", ahmt Uroma das Geräusch nach, reißt die Augen auf und horcht. Sie sieht sich um. „Ist das nicht die kleine süße Krähe? Der allerliebste Vogel, den ich kenne? Darf ich Sie fragen, Herr Rektor, ob Sie eine Krähe in Ihrem Büro halten?"

Mikael weiß nur zu genau, woher das Geräusch stammt – aus dem Hals seines Rektors nämlich. Das muss Uroma doch gemerkt haben? Er versucht, ihr einen Fußtritt zu verpassen, zielt aber daneben.

Uroma ist schon dabei, sich vorzubeugen, um unter dem Schreibtisch nach der Krähe zu suchen, die sich ihrer Meinung nach irgendwo da unten befinden muss. Mikael taucht eilends unter den Schreibtisch, um sie auf sich aufmerksam zu machen.

„Psst! Uroma, sieh mich an", flüstert er so laut wie möglich, ohne dass der Rektor es mitbekommt. Er versucht, Uroma anzustoßen, die ihn jetzt endlich anguckt und lächelt. Aber sie kapiert nicht, was er von ihr will.

Mikael merkt, wie peinlich ihm die Situation ist. Kann Uroma das denn nicht einfach auf sich beruhen lassen? Der Rektor erwidert nichts auf Uromas Frage nach dem Vogel, sieht aber – falls überhaupt möglich – noch aufgelöster aus als vorher. Fieberhaft blättert er seinen Papierstapel durch. Blätter segeln zu Boden. Uroma schüttelt den Kopf. Zum Glück ist sie offenbar der Meinung, sich verhört zu haben.

„Falls Sie nach Paragraf 4 Absatz 35 suchen – den habe ich hier in meiner Tasche", sagt sie stattdessen schnell. Sie setzt ihre Brille auf, die ihre Augen noch glupschäugiger machen, und holt zwei Zettel aus ihrer Handtasche. Mikael sieht, dass sie darauf schon etwas rot unterstrichen hat.

Der Rektor nickt und sieht sie erstaunt an.

„Ich zitiere", gibt sie kurz zu verstehen, bevor sie sich das Blatt fast vor die Nase hält. „Ich zitiere aus Paragraf 4 Absatz 35, Unterrichtsbefreiung. *Der Rektor kann einen Schüler pro Schuljahr bis zu 14 Schultage vom Unterricht befreien, ohne dass diese als unentschuldigtes Fehlen ins Klassenbuch eingetragen werden.* Zitat Ende."

Uroma lässt die Zettel sinken und wirft ihm einen fragenden Blick zu.

„Ja, das stimmt, das stimmt haargenau." Jetzt packt Mikaels Rektor der Eifer. In Windeseile rasselt er eine Folge von Verordnungen herunter, während seine Hand den Takt dazu schlägt. Ein Lächeln stiehlt sich auf Uromas Gesicht, als sie ergänzt – diesmal ohne Zettel: „*Hilfsarbeiten* haben Sie noch vergessen und *gesundheitliche Gründe* sowie *Abwesenheit aus privaten Gründen*, wie es in der Beamtensprache so schön heißt."

26

Der Rektor verstummt, läuft rot an und nickt, sodass ihm wieder ein paar graue Haarsträhnen in die Stirn fallen.

„Diese Angelegenheit ist eindeutig ein privater Grund", beendet Uroma ihre Ausführungen, faltet die Zettel zusammen, nimmt ihre Brille ab und wartet auf die Reaktion des Rektors. Dieser springt auf und geht zum Fenster.

„Krächz, krächz, krächz", macht seine Kehle erneut. Mit einer schnellen Bewegung streicht er sein Haar nach hinten und stützt sich auf dem Fensterbrett ab.

Mikael versucht Uroma daran zu hindern aufzuspringen.

„Da! Da ist die Krähe wieder!", ruft sie. Hart fasst Mikael nach Uromas Arm, er spürt, wie die Wut in ihm hochkocht. Erstaunt sieht Uroma ihn an.

„Jetzt reicht's aber, Uroma!", zischt er. „Merkst du denn nicht, dass das Geräusch von ihm kommt?"

„Glaubst du wirklich?", sagt sie viel zu laut. Mikael nickt nur leicht und hofft inständig, dass das Gespräch gleich vorbei ist. Am liebsten sofort.

Der Rektor nähert sich wieder seinem Schreibtisch.

„In Ordnung. Mikael bekommt frei." Er lässt einen schweren Seufzer hören. „Aber du musst Aufgaben machen, Mikael." Mikael erklärt sich einverstanden und steht hastig auf.

„Freut mich, vielen Dank auch!" Uroma streckt ihm die Hand hin.

Der Rektor betrachtet einen Augenblick die Hand, während ein feines Lächeln um seinen Mund spielt, bevor er sie ergreift und schüttelt.

„Ich wünsche Ihnen viel Glück. Wenn ich das richtig verstanden habe, werden wir uns wohl nicht wiedersehen?"

„Genau, ganz richtig verstanden", antwortet Uroma und trippelt, den peinlich berührten Mikael im Schlepptau, zur Tür.

Aus freiem Willen

Mikael sitzt in Uromas Auto. Sie sind unterwegs zum Arzt und Uroma pfeift fröhlich vor sich hin. Bevor sie stirbt, muss sie noch einmal zur Routineuntersuchung. Uroma wird sterben – das war wirklich eine komische Nachricht. Papa hatte schon ganz recht, dass das ein bisschen plötzlich kam.

Mikael ist bisher noch nie mit dem Tod in Berührung gekommen. Doch – einmal, vor vielen Jahren. Als der Kater, den sie von Mikaels Geburt an hatten, gestorben war. Santus hatte er geheißen und er war so was von süß! Der sanfteste und liebste Kater überhaupt. Santus spürte immer, ob Mikael froh oder traurig war. Er war schon alt, als er starb. So wie Uroma jetzt. Mikael, Mama und Papa hatten neben Santus gewacht, als er in Mikaels Zimmer lag. Vielleicht hatte er ja auch *beschlossen* zu sterben? Santus hatte sich in Mikaels Pulli gekuschelt, den dieser einen Tag zuvor auf den Fußboden hatte fallen lassen. Der Kater war nicht mehr dazu zu bewegen gewesen, vor die Tür zu gehen, nicht einmal als Mikael ihn lockte. Er hatte nur noch dagelegen.

An dem Sonntagmorgen, an dem Santus starb, hatte Mikael frühmorgens gehört, wie sich Santus' Atem veränderte. Zuerst ging sein Atem schneller. Danach atmete er nur noch jedes zweite Mal. Da hatte Mikael seine Eltern geweckt, weil er Angst bekam. Papa hatte gleich gemerkt, dass Santus im Sterben lag. Sie hatten sich auf den Fußboden gesetzt und Santus' Atemzügen gelauscht, bis er ein letztes Mal leise ausatmete. So ist das, wenn jemand stirbt, hatte Mama erklärt. Und wenn wir geboren werden, beginnen wir unser Leben damit einzuatmen.

Ein paar Stunden nach Santus' Tod hatte Papa hinter dem Wasserturm im Wald ein Loch gegraben. Mama hatte in der Garage eine Schachtel gefunden, in die sie Santus gelegt hatten. Zuvor hatten sie den Pulli, auf dem Santus gestorben war, in die Schachtel getan. Dann hatte Mikael ein Paar Socken, mit denen Santus immer so gerne gespielt hatte, dazugelegt. Papa hatte eine Spielzeugmaus, die Santus heiß und innig geliebt hatte, neben seinen Kopf gelegt. Zuletzt hatte Mama, die unaufhörlich weinte, noch eine ungeöffnete Packung Katzenfutter dazugegeben. Als letzte Mahlzeit sozusagen.

Mikael fand es traurig, dass sie die Schachtel mit Santus in das Loch tun mussten. Ein schönes, zerbrechliches Leben war zu Ende gegangen. Ein Spielkamerad, der nie gepetzt hatte, wurde nun in ein Loch in der Erde gelegt.

Sie hatten zu dritt für ihn gesungen. Mikael war froh, dass seine Freunde ihn in dem Moment nicht hatten sehen können – was, wenn sie sich über ihn lustig gemacht hätten?

Und jetzt wird Uroma sterben. Aus freiem Willen.

„Sie haben den Blutdruck einer Siebzigjährigen", sagt Uromas Ärztin, nimmt die Ohrbügel des Stethoskops aus den Ohren und lächelt. Sie sieht aus wie ein Mensch, der viel lächelt, denkt Mikael. Er sitzt hinter Uroma und verfolgt die Untersuchung. Sein Blick fällt auf ein Foto, das auf dem Schreibtisch steht. Es zeigt einen Königspudel. Schnell wandert sein Blick zwischen der Ärztin und dem Foto hin und her. Sie ist ihrem Pudel nicht ganz unähnlich, hat auch so ein spitzes, lang zulaufendes Gesicht und lockige, oben auf dem Kopf zusammengefasste Haare.

„Ist mein Blutdruck tatsächlich so niedrig?" Uroma beugt sich zu ihr hinüber. „Hm. Ist ja bedenklich, dass ich so gesund bin. Hoffe, es gibt keine Probleme, dass er am 14. den Dienst quittiert. Was meinen Sie?", wendet sich Uroma an ihre Ärztin.

„Ich weiß wirklich nicht, wie Sie das zustande bringen wollen. Aber wie Sie wissen, betrachte ich die Sache ja von Berufs wegen andersherum." Die Ärztin lächelt erneut, wird dann aber plötzlich ernst. Sehr ernst. Sie hüstelt und guckt Uroma mit prüfendem Blick an.

„Sie haben doch nicht etwa vor, aktive Sterbehilfe in Anspruch zu nehmen, oder?"

Ach du lieber Scholli, denkt Mikael. Darüber hat er schon mal irgendwo gelesen. Aktive Sterbehilfe. Will Uroma sich womöglich eine Todesspritze geben lassen? Auf den Gedanken war er noch gar nicht gekommen.

Im Behandlungszimmer könnte man eine Stecknadel zu Boden

fallen hören. Mikael merkt nur, wie sein Herz schlägt, schneller als sonst, so als ob er gerannt wäre. Eins, zwei, drei zählt er insgeheim mit. Wie lange soll diese Stille denn noch anhalten? Vier … Bevor er bei fünf angekommen ist, hört er Uroma lachen. Sie wirft den Kopf in den Nacken, hält sich den Bauch – und krümmt sich vor Lachen.

„Jetzt sind Sie wohl völlig verrückt geworden, meine liebe Frau Doktor." Uroma dreht sich zu Mikael um und lacht ihn an. Mikael kann seine Erleichterung förmlich spüren. Ihm graust ein wenig vor Spritzen und Todesspritze hört sich schrecklich an.

„Das wäre auch Quatsch gewesen, Uroma", sagt er und stimmt in ihr Lachen ein.

„Nun – das hätte mir zumindest das Üben erspart." Uroma überlegt kurz, bis sie weiterredet.

„Aber stell dir bloß vor, ich hätte noch irgendwas ganz Wichtiges sagen wollen – und das Gift hätte bereits gewirkt, sodass ich kein Wort mehr über die Lippen brächte. Herrjemine, wie furchtbar!"

„Ich hätte Ihnen so eine Spritze ohnehin nicht geben können", sagt die Ärztin nun wieder ganz ernst. „Das ist nicht erlaubt, abgesehen davon würde ich es sowieso nicht tun."

„Mir ist da was ganz anderes durch den Kopf gegangen", sagt Uroma. „Erinnern Sie sich noch an das Telefongespräch, das wir vor Kurzem geführt haben? Das, in dem es um das Geheimnis ging?"

Die Ärztin macht eine zustimmende Kopfbewegung. Mikaels Neugierde ist geweckt. Geheimnis?

Uroma lehnt sich zur Ärztin hinüber und fängt an zu flüstern.

„Ich kann da jetzt nicht laut drüber reden. Mein Urenkel darf noch nichts davon wissen", flüstert sie.

Mikael kann fast jedes Wort verstehen – zumindest so viel, dass es um etwas geht, von dem er nichts wissen darf.

„Meine Liebe, sehen Sie sich doch einmal gründlich meine Augen an." Uroma lehnt sich noch weiter vor, sodass sie der Ärztin direkt ins Gesicht starrt. „Wir sind uns doch einig, dass sie das sind, was man hervorstehend nennen könnte, oder?"

„Sie treten zwar etwas hervor, aber das steht Ihnen gut." Uromas Ärztin lacht.

„Sie glauben also nicht, dass sie während – Sie wissen schon was – rauskullern könnten?", fragt Uroma mit Grabesstimme.

„Nein, davon kann keine Rede sein. So ohne Weiteres kullern die im Leben nicht raus", versichert sie.

„Gut. Das wäre auch ein Jammer gewesen – den Rest zu verpassen, meine ich", stellt Uroma fest.

Mikael, der alles mit angehört hat, sieht plötzlich vor sich, wie Uroma mit zwei Augen auf dem Schoß dasitzt. Igittigitt! Nur gut, dass das nicht passieren kann.

„Könnt ihr mir nicht sagen, was das für ein Geheimnis ist? Ich habe euch doch gehört", bittet er.

Uroma dreht sich zu ihm um und schüttelt so energisch den

33

Kopf, dass Mikael versteht, dass es keinen Sinn macht, weiter zu betteln.

Das Blutzuckermessgerät piept. Die Blutprobe ist fertig analysiert und die Ärztin schaut darauf, um das Ergebnis abzulesen.

„Sie sind heute ein bisschen niedrig, Uroma", sagt sie.

„Niedrig? Sie meinen klein – das ist doch schon immer so gewesen", antwortet Uroma und versetzt ihren kurzen Beinen einen leichten Klaps.

Mikael muss lächeln. Typisch Uroma, denkt er.

„Ich spreche nicht von Ihren Beinen und auch nicht von Ihrer Statur. Ihr Blutzuckerwert liegt bei 72, so, als ob Sie schwanger wären", schmunzelt die Ärztin.

„Das klingt nicht gut", Uroma kichert. „Aber ich nähere mich ja auch dem Ende, irgendwas muss ich schließlich haben", ergänzt sie.

„Sind Sie sich denn ganz sicher, dass Sie am 14. sterben wollen?" Die Ärztin sieht Uroma an.

Lange erwidert Uroma den Blick, bevor sie antwortet: „Meine liebe Frau Doktor. Haben Sie schon jemals so viel gegessen, dass kein bisschen mehr reingepasst hätte?"

„Doch, natürlich", erwidert die Ärztin und sieht Uroma verwundert an, die unterdessen nach dem Handy gegriffen und es Mikael gereicht hat.

„Hilf mir doch bitte bei einer kleinen Rechenaufgabe, Mikael, ich habe meine Brille im Auto vergessen."

Mikael sucht im Menü des Handys und ruft dann den Taschenrechner auf.

„Gib 365 mal 92 ein, bitte."

Mit so einem Rechner ist Mathe auf einmal kinderleicht, denkt Mikael.

„33 580", antwortet Mikael flink.

„Stimmt genau", sagt Uroma, „und dazu addierst du jetzt 190", bittet sie, nachdem sie etwas an ihren Fingern abgezählt hat.

„33 770", erwidert er prompt.

„Großartig! Allein dadurch, dass du die Zahl aussprichst, fühl ich schon meine Kräfte schwinden. Wer hätte das gedacht! Behalt die Zahl im Kopf, Mikael, damit du mich später daran erinnern kannst."

Uroma lässt einen tiefen Seufzer hören und lehnt sich bequem in den Stuhl zurück.

„Dreiunddreißigtausendsiebenhundertundsiebzig. So viele Tage habe ich gelebt! Ich bin satt – satt an Tagen. Als ich noch jung war, nannte man das tatsächlich so, „satt an Tagen sein", wenn alte Menschen starben. Ist das nicht ein schöner Ausdruck? Satt und zufrieden sein, weil man ein schönes Leben hatte." Uroma schließt die Augen und sitzt für einen Moment ganz traumverloren da.

„Wie oft habe ich ein schönes Frühjahr erlebt, in dem ich Huflattich gesucht und gepflückt habe? Wie viele heiße, wundervolle Sommernächte habe ich auf der Veranda gelegen und zugesehen, wie die Sterne nach Westen wanderten? Und wie oft trug ich im

Herbst Möhren und Kartoffeln heim, ja, wie viele Winter trank ich selbst vergorenen Wein?" Uroma schlägt lächelnd wieder die Augen auf. „Heim und Wein – das reimt sich ja fast. Dabei konnte ich noch nie besonders gut reimen."

Was Uroma in ihrem Leben doch alles erlebt hat!, geht es Mikael durch den Kopf. Er steht auf, als er sieht, dass sie sich vom Stuhl erhebt.

„Viel Glück, Mikael, pass auf dich auf!", gibt ihm die Ärztin mit auf den Weg, bevor sie sich zu Uroma umdreht und sie umarmt.

„Sie kommen doch wie besprochen und stellen den Totenschein aus, oder?"

Die Ärztin nickt. Mikael öffnet die Tür für Uroma.

„Prima, vielen Dank fürs Erste. Und gegen diesen niedrigen Blutdingsbums unternehm ich nichts, verstanden?" Uroma hebt die Hand, winkt und macht die Tür zu.

Haltet den Dieb!

Früh am nächsten Morgen sitzen Uroma und Mikael am Küchentisch. Uromas Küche hat schon immer wie jetzt ausgesehen: An der einen Tischseite steht eine Küchenbank, auf der anderen stehen zwei alte, abgenutzte Holzstühle. Unter dem Tisch befindet sich der Schemel, auf den Uroma immer ihre Beine legt. Die Fenster werden von Uromas selbst gehäkelten Gardinen eingerahmt und in der Küchenecke ist ein alter Holzofen zu sehen. Seine gemauerte Einfassung ist hellgrün gestrichen.

Uroma hat keine Spülmaschine. Sie ist der einzige Mensch, den Mikael kennt, der gerne abwäscht. Abend für Abend steht Uroma an ihrer kleinen Spüle, über der zwei hellgrüne Schränke hängen, wäscht die Tassen ab und trällert dabei irgendeinen Elvis-Song vor sich hin.

Gestern war ein langer Tag, weshalb sie früh ins Bett gegangen sind. Nach dem Arztbesuch waren sie noch zu Mikaels Eltern gefahren; seine Mutter hatte ihm geholfen, seine Kleidung und Schulbücher einzupacken. Sein Lehrer hatte am Vormittag angerufen, um ihn zu ermahnen, auch ja die Multiplikationstabelle zu pauken sowie die Pyramiden und eine Landkarte von Ägypten zu zeichnen.

Mama hatte Milchreis gekocht und Uroma hatte ihren Mittags-schlaf gehalten. Papa klagte über Magen- und Gliederschmerzen, als er von der Arbeit nach Hause kam, verabschiedete sie aber noch, bevor sie sich ins Auto setzten. Mikael fiel auf, dass Papa Ur-oma länger als sonst umarmte. Uroma wiederum schlug Papa die Arme um die Taille und wiegte ihn leicht vor und zurück, so wie sie es schon immer getan hat. Eine typische Uroma-Umarmung! Als sie losfuhren, winkten seine Eltern ihnen noch so lange hinter-her, bis Mikael sie nicht mehr sehen konnte.

Aber jetzt ist Morgen, der Kaffee ist gekocht und Uroma schmiert Brote. Wie lecker das riecht, denkt Mikael. Kaffee und Honigbrot. Uroma streicht die Krümel vom Brett und tut sie in eine kleine Dose, die neben dem Brotkasten steht.

„Für meine Vögel", sagt sie.

Mikael sieht aus dem Fenster und bemerkt, dass sich die Vögel schon auf dem Fensterbrett versammelt haben. Auch sie warten auf ihr Futter.

„Wie viele Vögel hast du mit deinen Krümeln schon gefüttert, Uroma?"

Mikael entdeckt einen lustigen Vogel. Er sieht aus, als ob er eine zusätzliche Feder auf dem Kopf hätte. So einen hat er noch nie gesehen.

„Schwierige Frage, Mikael. Wie viele genau – keine Ahnung. Ein paar Tausend? Ich wohne hier schon die letzten siebzig Jahre mei-nes Lebens und bis auf die wenigen Tage, an denen ich nicht zu

Hause war, habe ich sie im Winter jeden Tag gefüttert." Uroma setzt sich auf ihren Platz und beißt ein großes Stück von ihrer Stulle ab.

„Und jetzt stell dir vor, wie viele Katzen von diesen Vögeln satt wurden, Mikael!", sagt sie kauend. „Und dann stell dir vor, wie viele Tage ich gelebt habe! Und wer oder was mich alles gefüttert hat! Uroma sieht ihn an, als ob sie gerade eine sagenhafte Entdeckung gemacht hätte. Sie fasst sich mit beiden Händen an den Kopf, holt tief Luft, schließt die Augen und rattert herunter: „Zahlreiche Lämmer, unzählige Rinder, Schokoladentafeln, Hammel, Schweine, Kühe, Lachse, Dorsche, Gummibärchen, Schellfische, Bonbons, Heilbutte, Rotbarsche, Heringe in Dosen, Hafer, Reis, Weizen, Roggen, Kartoffeln, Mohrrüben, Erbsen, Kohl, Nüsse und Beeren. Und wo ich Beeren sage …"

Uroma holt tief Luft und wechselt das Thema.

„Und wie oft ich mich beim Beerenpflücken verirrt habe! Ja, wie viele Suchtrupps nach mir ausgesandt wurden und was für Rüffel ich hab einstecken müssen!" Sie lacht.

„Rüffel? Wieso denn?", will Mikael wissen. Er weiß nur, dass Papa einmal nach ihr suchen musste.

„Weil ich nie aus meinen Fehlern vom Vorjahr gelernt habe. Ich wurde immer von einem wahren Pflückrausch ergriffen und habe mich jedes Jahr wieder an denselben Stellen verirrt. Ich habe mich dann einfach an Ort und Stelle hingesetzt und ein paar Stunden gewartet, bis ich hörte, wie sie nach mir riefen. Dein Vater, Mikael, war ein Experte darin, mich aufzuspüren. Du liebe Zeit, du hättest sehen müssen, wie fuchsteufelswild er dann war!" Ein Lächeln breitet sich über Uromas ganzes Gesicht aus. Mikael weiß, wovon Uroma spricht. Wenn Papa sich Sorgen um irgendjemanden macht, wird er nämlich immer wütend.

„Und wie viele Diebe hast du zur Strecke gebracht?", fragt Mikael. Uroma ist in diesem Zustand kaum noch zu bremsen, da kann er das Gespräch ja genauso gut auf etwas Lustiges lenken. Und von dieser Geschichte kann Mikael nie genug kriegen. Uroma wirft ihm einen Blick zu und versteht gleich, worauf Mikael hinauswill.

„Na gut, Mikael. Ich habe in meinem Leben einen Dieb zur Strecke gebracht, und so geht die Geschichte –", sie schmunzelt und schenkt sich Kaffee nach.

„Es war einmal vor langer, langer Zeit, irgendwann Ende September. An einem dunklen, regnerischen Abend."

Uromas Stimme hat einen tiefen Klang angenommen. Sie lehnt sich vor, krümmt ihren Rücken und hebt eine Hand in die Luft.

„An diesem Abend hatte ich meinen schwarzen Herrenregenschirm aufgespannt, den ich von meinem letzten Mann geerbt habe. Ich ging zügig – auch da konnte ich schon nicht mehr rennen, ging aber doch so schnell, dass es ausreichte, um ins Schwitzen zu kommen. Und das alles, weil ich unbedingt, ja unbedingt den Kiosk am Bahnhof erreichen musste. Ich hatte nämlich schon seit dem frühen Morgen nichts Süßes mehr gegessen. Meine

Freundin, die für ein paar Tage bei mir zu Besuch war, machte gerade eine Diät, sodass ich, um sie zu unterstützen, den lieben langen Tag nichts anderes als Salat und andere schrecklich gesunde Dinge gefuttert hatte. Mein Körper hungerte nach – ach, was sage ich, lechzte! –, nach Süßem und meine Eingeweide schrien nach Bonbons, von denen ich zu jener Zeit jede Menge verdrückt habe – wegen meiner Freundin nur heimlich, versteht sich." Uroma versichert sich, dass Mikael noch immer an ihren Lippen hängt.

Mikael nickt auffordernd. Uroma schließt die Augen, legt eine stützende Hand unter ihren Bauch und atmet ein paarmal ein und aus, bevor sie hochschnellt. Mikael zuckt zusammen vor Schreck, obwohl er genau weiß, dass Uroma das an dieser Stelle der Geschichte immer macht. Daraufhin lässt Uroma ihre Schultern ein wenig herunterhängen, stellt sich breitbeinig hin und nimmt die Hand fort, mit der sie ihren Bauch gehalten hat, sodass dieser nun besonders tief heruntersackt.

„Genau so hab ich vorm Kiosk gestanden – erschöpft, erhitzt und mit nassen Füßen. Ich war schließlich – wie immer – in Holzschuhen unterwegs. Noch dazu war ich schlechter Laune und hungrig. Und da geschah es! Ein unappetitlicher, unhöflicher und unerzogener kleiner Dickwanst kam aus dem Kiosk gerannt und hätte mir beinahe die Tür ins Gesicht geknallt. Gleichzeitig hörte ich die Dame hinterm Tresen rufen: „Haltet den Dieb!"

Mikael guckt Uroma an, die aussieht, als würde sie tatsächlich einen Regenschirm in der Hand halten und ihn gerade zusammenfalten wollen.

„Ich war schon stinksauer, weil er mir fast die Tür ins Gesicht geknallt hätte, aber als ich dann noch hörte, was die Dame im Kiosk rief, brannten bei mir alle Sicherungen durch. Ich setzte ihm nach und stoppte seine Flucht mit meinem aufgespannten Regenschirm. Der Dieb war so verdutzt, dass er stolperte, und zwei, vielleicht auch drei Sekunden später hab ich rittlings auf ihm draufgesessen!"

Mikael lacht und guckt auf Uroma runter, die sich auf den Boden gesetzt hat. Uroma schüttelt den Kopf und muss selbst lachen.

„Der arme Dieb! Er befand sich wohl im Schockzustand, nachdem ich auf ihn draufgesprungen war, denn ein paar Sekunden lang blieb er völlig reglos liegen. Dann fing er an, sich zu winden, aber ich habe einfach ein bisschen meine Schenkel angespannt und zusammengedrückt. Meine Schenkel sind ja immer schon recht kräftig gewesen, wie du weißt. „Helft mir, zu Hilfe, ach, was sind Sie schwer, entsetzlich schwer!", jammerte der Mann unter mir und jetzt war ich tödlich beleidigt.

„Kümmern Sie sich um Ihre eigenen Angelegenheiten!", posaunte ich ihm ins Ohr. Die Kioskinhaberin kam zitternd und zu Tode erschrocken aus dem Laden gestürzt und fragte, ob sie die Polizei verständigen solle. Hat man so was schon gehört! Ich saß auf dem Verbrecher drauf und hab um mein Leben gebangt – und es hörte sich durchaus so an, als hätte der Dieb ebenfalls um sein Leben gebangt – und sie fragt mich allen Ernstes, ob sie die Polizei rufen soll. War ja wohl klar, dass es sich um einen Notfall handelte!

„Alarm! Großeinsatz!", trötete ich. Daraufhin hetzte sie rein und riss auf dem Weg noch den Zeitungsständer um. Ein schreckliches Getöse war das!

Es dauerte fast eine Stunde, bis endlich zwei Polizisten kamen. Zwei – du hast richtig gehört –, und ich wiederhole, Mikael: Es waren doch tatsächlich zwei Mann nötig, um diesen ausgewachsenen Flegel stillzuhalten, sodass ich endlich aufstehen konnte."

Uroma erhebt sich vom Fußboden. Ihr steht die Anstrengung ins Gesicht geschrieben, nachdem sie die ganze Geschichte von Neuem durchlebt hat.

„Ich bin damals in die Zeitung gekommen. Eine ganze Woche lang war ich täglich in der Zeitung, mit Foto sogar! Darauf war ich mit einer Tüte Bonbons vor dem Kiosk zu sehen", sagt sie strahlend.

Return to sender

Es ist Abend. Draußen ist es kühl, die Sterne leuchten und es ist still. In Uromas Haus dagegen ist es alles andere als still – vom Plattenspieler dröhnt Elvis' Stimme herüber und vor dem großen Ohrensessel tanzt Uroma.

Mikael ist müde und liegt auf dem Sofa, nachdem er ihr dabei geholfen hat, Blumentöpfe wegzuräumen. Sie haben einige Zeit damit verbracht, sie zu leeren und in den Keller zu stellen. Mikael betrachtet Uroma. Woher nimmt sie bloß die Energie?

„Badiba bumm bumm, return to sender, return to sender", singt sie und ahmt Elvis' Hüftschwung nach.

Mikael hat schon oft Lieder von Elvis gehört. Meistens bei Uroma, obwohl Mama und Papa auch ein paar Platten von ihm haben. „The King", nennt Uroma ihn. Ein alter Seemann, den sie vor vielen, vielen Jahren einmal kannte, hatte ihr einst mit der Post ein Autogramm von Elvis geschickt. Und seitdem war Elvis ihr Held. „I gave a letter to the postman, he put it in his sack, but early next morning he brought the letter back", trällert Uroma und lässt sich in den Sessel fallen.

Das Zimmer ist klein und die Lautstärke ohrenbetäubend. Viel steht nicht darin. Unter dem einen Fenster ist ein kleines braunes Tischchen zu sehen, auf dem der Plattenspieler und das Radio stehen. In der Zimmerecke befindet sich der Sessel und an der angrenzenden Wand hängt ein Foto, das Elvis in einem weißen Paillettenanzug zeigt. An der gegenüberliegenden Wand ist ein ur-alter Fernseher, den Uroma vor langer Zeit von Papa geschenkt bekommen hat. Und die Fenster – drei an der Zahl – schmücken Topfpflanzen, die sich an ihrem Standort sichtlich wohlzufühlen scheinen. An der Längswand steht das graue Sofa, auf dem ein paar farbenfrohe Decken und Kissen liegen, die verbergen, wie alt und abgenutzt es schon ist. Uroma will sich kein neues mehr kau-fen. Sie sammele lieber Erlebnisse statt Dinge, sagt sie immer, wenn Mama sie zu einem neuen Sofa drängt.

„Es macht solchen Spaß zu tanzen, Mikael, solchen Spaß! Als ich noch jung war, hatte ich rote Tanzschuhe. Ach, wenn ich daran denke, wie oft ich nach Tanzveranstaltungen noch bis vor die Haustür getanzt bin!"

Uroma klopft sich auf den Schenkel und steht auf, um die Laut-stärke des Plattenspielers herunterzudrehen. „Das hätte ich noch viel häufiger tun sollen, Mikael. Hätte jeden Tag noch mehr tan-zen sollen. Dass ich das nicht getan habe, bereue ich."

Uroma lächelt und dreht eine letzte Pirouette.

„Bereust du sonst noch etwas, Uroma? Etwas, das du lieber nicht gemacht hättest, zum Beispiel?"

Mikael geht durch den Kopf, wie viel Zeit er schon mit Rechnen

45

verschwendet hat. Das würde er später ganz bestimmt bereuen – er bereut es ja jetzt schon.

Mikael setzt sich auf und Uroma nimmt neben ihm auf dem Sofa Platz und denkt nach. Sie überlegt lange, was sie nicht hätte tun sollen.

„Ja … doch … es gibt vieles, was ich besser unterlassen hätte. So denken wir beispielsweise nicht oft genug darüber nach, wie wir andere Menschen behandeln. Meine Freundinnen und ich hatten früher mal ein Handarbeitskränzchen, und wenn wir uns trafen, sind wir immer über die Nichtanwesenden hergezogen. Wir haben gestrickt – zwei rechts, zwei links – und dabei über alles und jeden getratscht. Und bis auf uns hatten natürlich alle unrecht, nur wir hatten recht. Das war hier und da ganz unterhaltsam, wenn auch niemand von uns dadurch an Größe gewann oder etwas Besseres als die anderen wurde, obwohl wir, glaube ich, das Gefühl hatten, etwas Besseres zu sein als die anderen. Hat mich leider keinen Zentimeter größer gemacht."

Uroma sieht ihn an, als ob sie fragen wollte, ob er weiß, wovon sie spricht.

Mikael nickt. Er weiß, was sie meint. So hat er sich auch schon verhalten. Gegenüber dem Jungen, der letztes Jahr neu in seine Klasse gekommen ist, zum Beispiel. Er war eigentlich ein netter Kerl, aber die anderen Jungs – einschließlich er selbst – haben trotzdem schlecht über ihn geredet. Mikael krümmt die Füße unter der Wolldecke.

46

„Und was bereust du so richtig?", fragt er nach.

„Es gibt zwei Dinge, die ich zutiefst bereue, Mikael", sagt sie und ihre Stimme klingt ungewöhnlich leise.

„Das eine erzähle ich dir, aber das andere erfährst du erst später, okay?" Uroma sieht Mikael an. Er ist einverstanden.

„Also, das war so: Ich war jung, trug ein ärmelloses Sommerkleid, hatte meine Haare zu einem Pferdeschwanz gebunden und war mit dem Fahrrad unterwegs. Unten am Wasser stieg ich ab, um mir die Boote anzusehen. Ich kann mich noch daran erinnern, wie schön ich mich an jenem Abend gefühlt habe. Am Kai waren viele Feriengäste versammelt und es wurde mit dem Akkordeon zum Tanz aufgespielt. An jenem Abend lernte ich einen jungen Mann kennen, der sich unsterblich in mich verliebte. Er wohnte gar nicht mal so weit weg von mir in einem der Nachbarorte, aber wir waren uns noch nie zuvor begegnet. Sein Name war Arild."

Uroma atmet tief, schließt die Augen und schweigt. Sie schweigt so lange, dass Mikael sich schon fragt, ob Uroma vielleicht beim Erzählen eingeschlafen ist. Leicht tippt er gegen ihre Schulter.

Aber Uroma ist nicht eingeschlafen.

„Arild", knüpft sie an ihren letzten Satz an, „Arild mit seinem herrlich glänzenden Haar, das er nach hinten gekämmt trug. Arild mit seiner langen schmalen Nase und einem so offenen Augenpaar, dass ich meinte, dadurch bis in den Himmel sehen zu können." Uroma schweigt erneut.

„Und was bereust du nun?", hakt Mikael ungeduldig nach.

Uroma öffnet die Augen wieder.

„Stimmt, darauf wollte ich ja hinaus – also, jetzt sollst du endlich erfahren, was damals passierte, Mikael: Der Sommer verstrich und wir trafen uns hin und wieder unten am Kai zu sommerlichen Tanzveranstaltungen. Dann kam der Herbst. Arild ließ sich mehrmals in der Nähe unseres Hauses blicken, weil er mich zu sehen hoffte. Stell dir das bloß vor! Mehrere Kilometer ist er gegangen, nur um vielleicht durch ein Fenster einen Blick auf mich zu erhaschen. Das soll etwas heißen! Wenn du das tust, dann – ja, dann bist du wirklich verliebt! Ich war nicht in ihn verliebt, fand ihn aber süß und mochte ihn.

Eines Abends, als er wieder einmal vor unserem Haus stand, ging ich hinaus und versprach ihm, dass wir uns am Wochenende sehen könnten. Wir wollten uns an dem kleinen Ufersaum jenseits des Kais an einer Bank treffen."

Uroma nimmt ein paar Schlucke aus ihrem Glas, das auf dem Tisch steht. Mikael merkt, dass sie sich dem Ende der Geschichte nähert. Er sagt nichts.

„An jenem Abend war ich zu früherer Stunde mit ein paar anderen Freunden unterwegs und hatte völlig die Zeit vergessen – und so vergaß ich auch unsere Verabredung. Und als ich bemerkte, dass es dafür zu spät war, habe ich es noch nicht einmal über mich gebracht, zum vereinbarten Treffpunkt zu gehen, um nachzusehen, ob er noch da war! Später haben andere mir erzählt, dass er den ganzen Abend auf mich gewartet hat. Danach habe ich ihn nie mehr wiedergesehen. Ich erfuhr, dass er zur See gegangen ist, habe aber nie wieder Kontakt zu ihm aufgenommen und er auch nicht zu mir. Mein Verhalten war schlicht und einfach gemein, was ich zutiefst bereue. So etwas darf man keinem Menschen antun!", beendet Uroma ihre Geschichte.

In einvernehmlichem Schweigen sitzen sie da. Er nimmt sich vor, sich nie so zu verhalten. Der arme Kerl – hat gewartet, gewartet und gewartet. Vielleicht ist er ja nur zur See gefahren, um Uroma zu vergessen? Mikael kann gut verstehen, dass Uroma das bereut.

„Kannst du mir nicht doch erzählen, was das andere war, das du so bereut hast?", bettelt Mikael. Aber Uroma bleibt eisern und wiederholt, dass sie jetzt noch nicht darüber reden will. Mikael hört ihrer Stimme an, dass es keinen Sinn macht, weiter nachzubohren. Aber da ist auch noch etwas anderes, das er gerne wissen würde. Denn auf einmal ist ihm wieder eingefallen, weshalb er überhaupt bei Uroma ist.

„Hast du eigentlich Angst vor dem Tod, Uroma?", fragt er.

Uroma denkt etwas länger nach, bevor sie antwortet.

„Ich habe keine Angst – nicht mehr. Heute bin ich vor allem neugierig. Früher, als ich noch jünger war und meine beiden Kinder noch klein waren, hatte ich Angst vor dem Tod – eine Heidenangst. Dass eines meiner Kinder sterben könnte. Oder dass ich vor ihnen sterben könnte. Damals wollte ich am liebsten gar nicht darüber nachdenken, dass alles, was lebt, auch einmal sterben muss.

Dass das allen Lebewesen gemein ist. In hundert Jahren sind die meisten von uns tot – mausetot. Stell dir das mal vor, Mikael."

Uroma schenkt ihm ein leises Lächeln.

Mikael hat noch nie darüber nachgedacht, dass auch er irgendwann sterben muss. Er hofft, dass er ebenso alt wie Uroma wird. Fast alle werden alt, bevor sie sterben. Aber wann man stirbt, kann niemand so genau wissen.

Mikael steht auf und tritt ans Fenster. Draußen weicht der Tag der Nacht.

Von den Bäumen fallen die Blätter, sie lassen los. Er folgt einem Blatt mit den Augen. Es segelt zu Boden, gesellt sich zu den anderen und gemeinsam breiten sie eine dünne Decke über das Gras. Später werden sie zu Erde.

Der Herbst steht für den Tod, geht ihm plötzlich durch den Kopf. Herbst, Winter, Frühling und Sommer – ein Kreislauf aus Leben und Tod, für unzählige Pflanzen und die Blätter an den Bäumen.

Vielleicht fällt es ihm angesichts des Herbstes ja leichter, sich mit dem Gedanken vertraut zu machen, dass alles sterblich ist?

Uroma und Mikael hängen einen Moment ihren Gedanken nach, bevor Uroma die Kerze auspustet, die den ganzen Abend hindurch gebrannt hatte.

50

Haltbarkeitsdatum überschritten

Uroma probiert Kleider an. Seit sie Mikael geweckt hat, probiert sie Kleider an – um das Passende zu finden, in dem sie sterben und begraben werden will. Mikael liegt auf dem Bett und guckt zu, sieht, wie sie sich vor dem Schlafzimmerspiegel hin und her dreht, den Kopf schüttelt, das eine Kleid auszieht und das nächste überstreift.

Gar nicht so einfach, die richtige Farbe zu finden, und noch dazu ein Kleid, in dem man sich sehen lassen kann.

Uromas Schlafzimmer ist ziemlich geräumig. Auf jeder Seite steht ein Bett und dazwischen eine Kommode, die Wand an Uromas Bettseite schmücken Fotos von ihren Kindern. Eines der Kinder war Papas Mutter, das andere Papas Tante. Sie sieht Mikael nur bei feierlichen Anlässen. Papas Tante sieht fast genauso alt wie Uroma aus, findet Mikael. Immer klagt sie darüber, dass es ihr hier oder da wehtut, und immer sieht sie verdrossen aus. Neben ihrem Foto hängen vier Aufnahmen von ihm – Uromas einzigem Urenkel. Drei Bilder, die aufgenommen wurden, als er noch klein war, und eines vom letzten Weihnachtsfest. Das Elvis-Autogramm beansprucht den größten Bilderrahmen für sich, es hängt dicht neben Uromas Kopfkissen. Die beiden Männer, mit denen Uroma verheiratet gewesen war, haben ihren Platz über der Kommode: Das eine Foto zeigt einen Mann in blauer Uniform, das andere einen Mann, der schlafend unter einem Baum liegt.

Im Zimmer gibt es zwei Fenster und auf den Fensterbänken stehen hübsche, bunte Kerzenleuchter. Wenn Uroma die Kerzen darin manchmal anzündet, herrscht in dem Zimmer eine ganz besondere Stimmung, findet Mikael. Er kann hier gut schlafen, obwohl Uroma ein bisschen schnarcht, sodass sie morgens immer eine ganz trockene Kehle hat.

Deshalb stehen auf Uromas Nachttisch auch immer zwei Wassergläser: Eines, um daraus zu trinken, und eines, in dem ihr Gebiss liegt.

Der Spiegel ist an einem Schrank befestigt, der neben Uromas Bett steht.

„Ich will auf alle Fälle eine gut aussehende Leiche sein", bringt sie undeutlich hervor, während sie ein grünes Kleid auszieht und ein braunes überstreift.

„Ist es denn so wichtig, eine gut aussehende Leiche zu sein?", will Mikael wissen.

„Das ist es. Überleg nur, wer mich alles so sehen wird, wie vielen ich eine Einladung geschickt habe. Keiner soll im Nachhinein behaupten können, dass ich in einem alten, abgetragenen Kleid gestorben bin, in dem sie mich schon zig Mal gesehen haben", antwortet Uroma so entschieden, dass Mikael kein Wort mehr darüber verliert.

„Was hältst du davon, wenn wir ins Einkaufszentrum fahren,

um Stoff für ein Leichenhemd zu kaufen? Für ein Leichenhemd, in dem ich getrost sterben kann?", fragt Uroma. „Hier findet sich ja nichts Gescheites."

In ihrem dünnen Unterrock steht sie direkt vor seinem Bett. Mikael kann sehen, dass ihre Haut ebenso welk ist wie die Blätter am Baum.

Uroma hat auch etwas von Herbst an sich.

„Na klar, darum bin ich doch hier, Uroma. Um dir zu helfen, meine ich", ergänzt er und hüpft vom Bett.

Jetzt sitzen sie am Küchentisch und lassen sich Hefebrötchen mit Marmelade schmecken, eines von Mikaels Lieblingsgerichten. Uroma hat gerade einen Teelöffel Zimt gegessen, weil sie in einer Zeitschrift gelesen hat, dass das der Gesundheit dienen soll. Allerdings sieht es im Moment nicht gerade danach aus, als ob das besonders gesund sei. Denn Uroma hat den Mund wie ein Vogeljunges bei der Fütterung aufgesperrt.

„Alles okay?", fragt Mikael.

Uroma schüttelt nur den Kopf und lässt ein paar unverständliche Laute hören, die Mikael als einen verzweifelten Schrei nach Wasser deutet.

Uromas Nase läuft und die Augen tränen. Sie fuchtelt mit den Armen herum, bevor sie zu husten anfängt. Wie ein geölter Blitz rennt Mikael zum Wasserhahn, holt ihr etwas zu trinken und klopft ihr auf den Rücken.

Mit hochrotem Kopf und einem tränenüberströmten, rotzbeschmierten Gesicht führt Uroma einen absonderlichen Tanz auf, wie ihn Mikael noch nie von jemandem gesehen hat. Erst nach dem vierten Glas Wasser ist damit Schluss.

„Das wäre fast mein Tod gewesen", ächzt Uroma nach einer ganzen Weile. „Hätte nie gedacht, dass Zimt so gefährlich sein kann!"

Mikael nimmt das Glas mit dem Zimt genauer unter die Lupe. Dann wandert sein Blick zu dem anderen Glas, das auf der Küchenanrichte steht und von dem Uroma sich bedient hat. Er steht auf und mustert das Etikett auf dem Glas. Die Schrift ist verblichen und schwierig zu entziffern.

„Scharfer Chili, extrastark!", liest er langsam.

Es dauert lange, bis sie endlich aufbrechen können. Uroma hat Schweißausbrüche und muss allein dreimal vor die Tür, um sich abzukühlen. Danach muss sie sich erst noch umziehen und für die Fahrt fertig machen.

„Die meisten Unfälle passieren im Haushalt", stöhnt sie wiederholt, während Mikael den Küchentisch abdeckt.

Das Glas mit dem Chilipulver verstaut er tief hinten in Uromas Gewürzschrank, damit sie nicht noch einmal danebengreift. Uroma füllt eine Flasche mit kaltem Wasser, falls sie unterwegs Durst bekommen sollte. Sie reicht sie Mikael, bevor sie sich ins Auto setzen.

Dann hält sie sich die Nase zu und verkündet mit Lautsprecherstimme: „Der Kapitän freut sich, Sie auf der Fahrt ins Zentrum an

Bord begrüßen zu dürfen! Maat Mikael wird ihm dabei helfen, Stoff für ein Leichenhemd auszusuchen!"

„Der Maat erlaubt sich, den Kapitän darauf aufmerksam zu machen, dass es nur noch zehn Tage bis zum bestimmten Todestag sind. Der Kapitän sollte sich beeilen!", ahmt Mikael Uromas Stimme nach.

„Wirklich? Nur noch zehn Tage? Zehn, sagst du?", erwidert Uroma erschrocken und dreht den Zündschlüssel um. Sie legt einen Kavalierstart hin, brettert vom Hof und biegt auf die Straße ab. Mikael wirft Uroma einen vergnügten Blick zu. Er liebt es, wenn sie so verrückt durch die Gegend gurkt. Aber als sie auf der Hauptstraße sind, gibt Uroma mehr Gas als sonst, fällt Mikael auf. Er kann gar nicht mehr die Bäume am Straßenrand zählen, was ihn etwas verstimmt.

„Immer mit der Ruhe, Uroma, jetzt fährst du zu schnell", sagt er. Aber Uroma hört ihn nicht.

„Das Beste wäre natürlich, eine Farbe zu finden, die das Sterben befördert", sagt sie stattdessen und lächelt ihm zu, während sie einen höheren Gang einlegt.

Uroma redet beim Autofahren in einer Tour. „Es soll kein synthetischer Stoff sein, weil der nicht so schnell wie Baumwolle zerfällt. Ob Königsblau vielleicht für diesen Anlass geeignet wäre?", will sie wissen. „Oder vielleicht eine herbstliche Farbe?" Uroma ist kurz vor der ersten Ampel, als diese von Grün auf Gelb umspringt. Obwohl ihr das nicht entgangen sein kann, macht sie keinerlei Anstalten, anzuhalten. Im Gegenteil – sie beißt die Zähne zusammen, krümmt den Rücken, beugt sich vor und gibt mit ihrem kleinen gelben Elektroauto Vollgas! Mikael klammert sich an den Sitz.

„He, Uroma, willst du uns umbringen?", schreit er empört.

Während das Auto über die Kreuzung düst und andere Autos ihretwegen ein Hupkonzert anstimmen, wirft sie ihm einen schnellen Seitenblick zu.

„Du weißt doch, wie eilig ich es habe, Mikael. Das hast du doch selbst gesagt, nicht wahr? Nur noch zehn Tage – da ist Eile geboten! Und außerdem, äh, außerdem befinde ich mich gerade in einer kleinen Notlage …"

Uromas Gesicht nimmt dieselbe rote Farbe an wie am Morgen, als sie das Chilipulver geschluckt hatte. Sie beugt sich noch tiefer übers Lenkrad und beschleunigt ein weiteres Mal, während sie auf das rote Dreieck am Armaturenbrett drückt. Die Warnblinkanlage leuchtet auf, während Uroma sich so tief übers Lenkrad beugt, wie es nur geht.

Mikael hält sich am Türgriff fest, kneift ein Auge zusammen, blinzelt mit dem anderen und ist heilfroh, als endlich das Einkaufszentrum vor ihnen auftaucht.

Sie haben Glück. Direkt vor dem Eingang ist eine Parklücke. Kaum sind sie ausgestiegen, drückt Uroma geschwind auf den Funkschlüssel des Autos, dreht sich blitzschnell um und hastet die Treppe hinauf. Mikael versucht, so gut es geht, mit ihr Schritt zu halten. Sie hätte ja zumindest auf ihn warten können!

Irgendwie läuft Uroma seltsam. Sie hat die Schultern zurückgezogen und macht kleine Trippelschritte. Drinnen gibt sie keinen Ton von sich, sondern wirft nur einen schnellen Blick in die Runde und dann steuert sie geradewegs auf die Toiletten zu.

Ach so, denkt Mikael. Ihre Eile hatte gar nichts damit zu tun, dass sie so bald sterben würde … Uroma musste aufs Klo! Daran war bestimmt der Chili schuld.

Mikael wartet und atmet nach dieser wilden Autofahrt erst einmal tief durch. Er wartet und wartet und fängt aus Langeweile an, die Menschen zu zählen, die ins Einkaufszentrum kommen. Als er bei 63 angelangt ist, beginnt er sich Sorgen zu machen, dass Uroma irgendwas passiert ist, doch da hört er sie endlich.

„Mensch, bin ich erleichtert!", sagt sie und lacht laut auf. Ihre Haut hat wieder eine normale Farbe angenommen und ihr Körper wirkt auch nicht mehr so verkrampft.

Im Stoffgeschäft halten sich glücklicherweise nur wenige Kunden auf. Mikael und Uroma steuern auf einen Tisch zu, hinter dem eine Verkäuferin steht und ihnen entgegenlächelt. Ihr Haar ist hübsch hochgesteckt, sie hat rote Lippen und trägt eine silberne Bluse, wie Mikael bemerkt. Ihre Augen schweifen hektisch umher.

„Tagchen", flötet Uroma. Mikael steht dicht hinter ihr. „Ich möchte mir gerne ein paar schöne Stoffe ansehen, die sich für einen Sterbefall und für ein Begräbnis eignen."

Mikael sieht, dass Uroma versucht, ihren Kopf so auszurichten, dass sie der Dame in die Augen sehen kann, während diese mit ihr spricht.

„Wie traurig! Darf ich Ihnen mein Beileid aussprechen?", erwidert die Frau, die ein Schild an der Bluse hat, auf dem Pia steht.

„Traurig? Ich hoffe nicht! Im Gegenteil – ich freue mich auf eine schöne Zeremonie, so festlich und fröhlich wie noch nie", antwortet Uroma und dreht sich schnell zu Mikael um. Hat er bemerkt, dass ihr tatsächlich wieder ein klasse Reim eingefallen ist? Er nickt.

„Ja, äh, Stoffe die sich für einen Sterbefall und ein Begräbnis eignen. Lassen Sie mich mal sehen …", wendet sich Pia erneut an Uroma. „Seide ist mit Sicherheit das anschmiegsamste und edelste Material, das ich kenne. Wie wäre es damit?" Pia lehnt sich zu Uroma über den Verkaufstresen.

„Einen besonders edlen Stoff brauche ich eigentlich nicht. Haben Sie auch ein Material da, das so schnell zerfällt wie ein Körper verwest? Und, was meinen Sie – welche Farbe würde mir am besten stehen? Um darin zu sterben, meine ich?"

Uroma steht ganz dicht vor Pia. Sie folgt den Bewegungen von Pias Augäpfeln, und als Uroma ihren letzten Satz beendet hat, gelingt es ihr endlich, Pias Blick aufzufangen.

Mikael weiß nicht, ob Pia früher jemals mit beiden Augen starr geradeaus gesehen hat – aber jetzt tut sie's. Pia wirkt wie erstarrt, erhebt sich dann wie in Zeitlupe und sieht Uroma fassungslos an.

„Wollen Sie, äh, emm, wollen Sie sozusagen Stoff für Ihr eigenes

Totenhemd kaufen, falls Sie, äh, falls Sie eventuell sterben sollten?", bringt sie mit einiger Mühe hervor. Mit steifen Körperbewegungen geht sie zu den Stoffballen, die hinter ihr an einer Wand aufgeschichtet sind.

„Wenn Sie ‚eventuell‘ und ‚sozusagen‘ streichen, liegen Sie richtig." Uroma tritt hinter sie, um gemeinsam mit Pia die Stoffballen durchzusehen und den Stoff zwischen den Fingern zu fühlen.

Mikael hat noch nie so viele schöne Stoffe auf einem Haufen gesehen! Stoffe in allen Farben des Regenbogens, so hauchdünn, leicht und schillernd wie Schmetterlingsflügel. Stoffe in Farben, die wie das perlmuttschimmernde Innere von Muscheln aussehen, und Stoffe, die ihn an Sonnenauf- und -untergänge denken lassen. Stoffe in zarten und Stoffe in kräftigen Farben.

Uroma ist genauso hingerissen wie er.

„Sie können sich glücklich schätzen, bei der Arbeit von etwas so Schönem umgeben zu sein", sagt Uroma und fährt mit der Hand über einen Stoffballen.

„Aber ist das wirklich wahr? Wollen Sie wirklich Stoff für Ihr eigenes Totenhemd kaufen?"

Uroma wendet sich Pia zu. Sie nickt und lächelt und nickt erneut. Pia sieht noch erschütterter aus als eben.

„Sie treiben doch Scherze mit mir!" Pia schlägt die Hände zusammen. Sie kichert und macht eine so hektische Bewegung, dass sie gegen einen der Stoffballen stößt, sodass dieser herunterpurzelt. Die Verkäuferin wirft noch einen Blick auf Uroma, schüttelt den Kopf, umrundet den Verkaufstresen und drängt sich an Mikael vorbei, sodass dieser nach einer Stehleiter greifen muss, um nicht umzufallen. Sie macht einen zutiefst verstörten Eindruck.

„Nein, nein, Uroma treibt keinen Scherz mit Ihnen. Aber es ist nicht ansteckend."

Mikael redet mit besänftigender Stimme auf Pia ein, so wie er es manchmal auch tut, wenn Papa so aufgelöst ist.

„Dieser Baumwollstoff ist doch schön für diesen Anlass, finden Sie nicht auch?", fragt Uroma, die gesehen hat, dass Pia bei den Stoffballen auf einen Stuhl gesunken ist. Uroma will jetzt endlich ihren Einkauf zu Ende bringen. „Der ist doch weich und anschmiegsam genug für den ewigen Schlaf, nicht?"

„Oh, Sie bedauernswerte Person! Ach, Sie Arme! Wie schrecklich, dass Sie sterben müssen! Sie Arme!", kann Pia gar nicht oft genug wiederholen.

„Och, das tue ich vollkommen freiwillig." Uroma lächelt. „Sterben müssen wir ja alle einmal. Und mein Haltbarkeitsdatum ist schon längst überschritten, wie Sie sicher bemerkt haben werden."

Während Uroma Pia ansieht, legt sie den Kopf etwas schief. „Wenn ich es genau bedenke – was ich nicht immer tue – sprechen wir ja eigentlich alle mit künftigen Leichen."

Uroma kichert und befühlt einen Stoff zwischen den Fingern.

Mikael hält den Anblick der aufgewühlten Pia nicht mehr aus und wendet sich stattdessen einem Ständer zu, an dem lange Plastikröhrchen mit Knöpfen hängen.

„Haben Sie vielleicht einen Spiegel, damit ich sehen kann, was mir am besten steht?", hört Mikael Uroma nach einer Weile fragen. Er dreht sich um und sieht Pia nickend auf eine Wand im hinteren Teil des Geschäftsraumes deuten.

Mikael schlendert zu ihnen hinüber. Er hat genug Knöpfe gezählt, jetzt langweilt er sich allmählich und verspürt Durst. Er fragt Uroma, ob er sich etwas zu trinken holen kann. Neben dem Stoffgeschäft ist nämlich ein Café.

„Prima, dann komm ich dich abholen, wenn ich hier fertig bin", sagt Uroma und steckt ihm etwas Geld zu.

Ein Anfall von Verliebtheit

Mikael geht ins Café, wo ihm eine Slush-Maschine ins Auge springt. Schnell entscheidet er sich für einen blauen Slush. Es ist einfach super, schulfrei zu haben und so ganz ohne Mathe, alte Ägypter und Lehrer allein im Café sitzen zu können.

Als er Platz nimmt, fällt ihm ein Mädchen am Nachbartisch auf. Zicke, fährt ihm durch den Kopf.

Mikael saugt an seinem Strohhalm und streckt die Zunge raus, weil er sehen will, ob sie schon blau geworden ist. Das Mädchen trinkt einen rosa Slush. Rosa Slush und rote Steppjacke. Er hat sie noch nie gesehen. Ob sie hier wohnt? Sie trägt ein rosa Haarband und streckt ebenfalls die Zunge raus, um nach der Farbe zu gucken. Wie alt sie wohl ist? Zehn, elf oder vielleicht auch zwölf?

Unerwartet dreht sie sich zu ihm um und lächelt ihm zu. Etwas Seltsames geschieht mit ihm, ihm wird plötzlich so warm. Er zieht seine Jacke aus und beeilt sich, wieder an seinem Strohhalm zu saugen. Das war zumindest nicht so ein fieses, heuchlerisches Zickenlächeln gewesen, das besagte, dass ihm gleich irgendein gemeiner Spruch um die Ohren fliegen würde. So wie bei den Mädchen aus seiner Schule. Er blickt erneut auf. Sie sieht ihn immer noch an. Er lächelt mit einem schiefen Grinsen zurück.

Puh, wie heiß ihm auf einmal ist, noch dazu kribbelt es so komisch in seinem Körper. Fieber?, schießt ihm durch den Kopf. Er trinkt seinen Slush nur noch in kleinen Schlucken, damit er noch ein bisschen länger daran hat.

Ob er vielleicht irgendeine Krankheit ausbrütet? Mikael merkt, dass sein Mund ganz trocken ist. Und das Kribbeln ist irgendwo in seinem Bauch.

Falls er tatsächlich krank ist, dann könnte das womöglich die Pest sein. Die haben sie gerade in der Schule durchgenommen. War sie nicht 1349 ausgebrochen? Was, wenn die Seuche nun doch nicht ganz ausgerottet wurde? Sie hatte doch auch mit Schwächegefühl, zittrigen Knien und Schwindel angefangen, wenn er sich richtig erinnert?

Hoffentlich kommt Uroma gleich, denkt Mikael. Aber er kann es nicht vermeiden, dass sein Blick immer wieder zu dem Mädchen am Nachbartisch gleitet. Wieder lächelt sie ihm zu. Süß! So ein traumhaftes Gefühl hat er noch nie gespürt. Ob ihm vielleicht der Slush in die Beine gefahren ist? Matschiger Slush, der seine Knie weich werden lässt. Denn so fühlt es sich an – als hätten ihn plötzlich alle Kräfte verlassen, sodass er sich nicht mehr rühren kann.

Sein Hals wird ganz eng und Mikael fragt sich ernsthaft, ob er jemals wieder imstande sein wird, ein Wort über die Lippen zu bringen. Er streckt seine Zunge raus und sieht, dass das Mädchen es ihm gleichtut. Sie und er. Er und sie. Rosa und Blau, Blau und Rosa. Noch nie hat das so gut zusammengepasst wie jetzt. Sie lächeln sich an. Er sieht, wie sie errötet, ja, wie ihr Gesicht ganz rosa wird. Vielleicht ist er ja auch rot geworden? So fühlt es sich jedenfalls an.

Er kann nicht sagen, wie lange er so dagesessen hat, als Uroma zurückkommt.

Sie schwenkt eine Tüte und kommt auf ihn zugeeilt: „Mit dem Stoff fürs Leichenhemd ist alles klar, Mikael. Hab einen herrlich anschmiegsamen Stoff in einer flotten Farbe gefunden."

Aber Mikael hört sie gar nicht. Mikael hat seine Ellenbogen auf den Tisch gelegt und sein Kinn in die Hände gestützt. Auf seinen Lippen liegt ein seliges Lächeln und seine halb geschlossenen Augen fixieren irgendeinen Punkt vor ihm. Uroma sieht sich um und bemerkt das Mädchen. Wie Mikael hat auch sie ihren Kopf aufgestützt und sieht ihn an. Uromas Blick wandert zu Mikael zurück. Sie nickt und lächelt still in sich hinein.

„So ist das also." Uroma schmunzelt und geht an die Theke, um sich einen Kaffee zu holen.

Mikael fühlt sich wie im Schwebezustand und kneift sich in den Arm, um zu überprüfen, ob er wirklich existiert. Uroma bleibt nichts anderes übrig, als ihn ein Weilchen später am Hemdsärmel zu packen und an der Hand aus dem Einkaufszentrum zu ziehen. Er sieht nicht mehr, wohin er geht, sodass er drei Frauen anrempelt,

64

von denen zwei ins Schwanken geraten und in eine fünfköpfige Familie hineinstolpern.

„Wo um Himmels willen hab ich bloß das Auto geparkt, Mikael?" Uromas Blick schweift über den Parkplatz. Mikael aber starrt nur geradeaus. Auf seinen Lippen liegt immer noch ein feines Lächeln.

„He, Mikael, kannst du mir mal dabei helfen, Ausschau nach meinem kleinen gelben Flitzer zu halten? Ich kann ihn in dieser Automenge nicht entdecken." Uroma stellt sich auf die Zehenspitzen, sieht ihn aber immer noch nicht.

„Mikael, kannst du dich noch daran erinnern, wo ich mein Auto abgestellt habe?", schreit Uroma so laut, dass eine Schar Zugvögel, die eigentlich erst später in den Süden fliegen wollten, mit Karacho aus einer am entgegengesetzten Ende des Parkplatzes stehenden Birke aufflattern.

„Entscheide du, Uroma." Mikael starrt sie mit leerem Blick an.

Uroma schüttelt bloß den Kopf. Ihr fällt urplötzlich auf, dass sie den falschen Ausgang genommen haben. Leise vor sich hin lachend zieht sie Mikael am Arm hinter sich her – den ganzen Weg durchs Einkaufszentrum.

Als sie diesmal die Treppe hinuntergehen, steht das Auto direkt vor ihnen. Uroma ist froh, dass heute alles so gut gelaufen ist – mal vom Chili zum Frühstück abgesehen –, und fährt jetzt langsamer nach Hause, wobei sie auch an den roten Ampeln Halt macht.

Erst, als sie schon fast wieder daheim sind, wird Mikael all-

mählich wieder er selbst. Wie immer hat Uroma auf der Fahrt un-
unterbrochen geredet. Besonders viel hat Mikael nicht davon mitgekriegt.

„Ein Anfall von Verliebtheit, das ist es. Dass das heutzutage
schon so früh kommt", wundert sich Uroma, während sie an einer
Kreuzung darauf warten, dass die Ampel auf Grün springt. „Mir ist
das jedenfalls erst mit dreizehn passiert."

„Du glaubst, ich bin verliebt?", fragt Mikael erstaunt und fällt in
den Sitz zurück, als Uroma wieder etwas zu flott anfährt.

„Ist dir durch den Kopf gegangen, dass du noch nie ein so süßes
Mädchen wie sie gesehen hast?"

Mikael nickt.

„Sind deine Beine weich wie Gelee und hast du einen Schwarm
Schmetterlinge im Bauch?" Für den Bruchteil einer Sekunde dreht
Uroma sich zu ihm um und sieht Mikael in rascher Folge nicken.

„Eindeutig verliebt. Und beim ersten Mal erwischt es einen oft
am heftigsten."

Uroma klingt so überzeugend, dass Mikael davon ausgeht, dass
sie weiß, wovon sie spricht. Er hat so etwas jedenfalls noch nie gespürt und findet auch, dass das ziemlich plötzlich kommt. Es hat
ihn völlig überrumpelt, auch wenn ein paar Mädels aus seiner
Klasse schon seit Langem über Jungs reden. Außerdem passt es
ihm gerade gar nicht, dass ihm so seltsam zumute ist und er diese
merkwürdigen Gefühle hat. Wo er sich doch auf Uroma konzentrieren wollte …

66

„Vor allem ist das mehr Schein als Sein." Uroma lacht. „Verliebtheit geht meistens schnell vorbei und macht etwas anderem Platz, aber sie wird dich im ganzen Leben immer wieder aufs Neue befallen."

Na, das waren ja tolle Aussichten! Wo er sich doch schon nach den wenigen Minuten im Café vollkommen fertig fühlt.

„Denk nur, aus wie vielen Muskeln unser Körper besteht. Das Herz ist einer der wenigen Muskeln, die wir nicht kontrollieren können. Zum Glück, muss man sagen. Wir können also nicht darüber bestimmen, ob wir uns verliebt oder traurig fühlen. Was bleibt, ist zu fühlen. Es zu genießen, falls es sich um ein schönes Gefühl handelt, und es willkommen zu heißen und ihm Aufmerksamkeit zu schenken, falls es ein trauriges ist." Uroma redet ohne Punkt und Komma.

Mikael denkt vor allem an das Mädchen in Rot.

Sie war unzählige Male verliebt, erzählt Uroma beim Abendessen. Einmal war sie sogar so verliebt, dass ihr der Appetit vergangen ist. Das muss aber ein wirklich schlimmer Anfall von Verliebtheit gewesen sein, denkt Mikael. Wo Uroma doch so versessen aufs Essen ist. Und ein anderes Mal, als sie verliebt war, konnte sie nicht mehr normal reden, sagt sie. Fragend sieht Mikael sie an und Uroma erklärt: „Als ich ‚ja' sagen wollte, kam ‚da' dabei heraus und aus ‚Milch' wurde ‚Knilch'. Boah, das war vielleicht anstrengend!"

Klingt komisch, denkt Mikael. Andererseits hat er nun ja am

eigenen Leib erfahren, was so eine Verliebtheit mit einem anstellen kann. Er kann Uroma also verstehen.

Bevor er ins Bett geht, schickt er eine SMS nach Hause.

Hallo Mama und Papa! Mir geht's prima. Es gibt wirklich jede Menge zu erledigen, wenn man stirbt, sodass ich meine Schulaufgaben noch nicht einmal angefasst habe. Lerne vor allem was über das Leben und so. Gute Nacht, umarme euch. Uroma lässt viele Grüße bestellen. Melde mich morgen, bin völlig erledigt! ☺ ☺ ☺

Ein ganz schlichter Sarg

Das Bestattungsinstitut liegt in einem der ältesten Häuser von Uromas Wohnviertel. Die meisten Geschäfte sind inzwischen ins Einkaufszentrum gezogen, aber das Bestattungsinstitut hat sich anscheinend auch ohne Geschäfte in unmittelbarer Nachbarschaft gehalten. Es ist ein kleines weißes Haus mit zwei Fenstern zur Straßenseite hin. In den Fenstern hängen hübsche, hauchzarte Gardinen und unter dem einen Fenster steht auf einem Schild: *Roars Bestattungsinstitut.* Außerdem steht da noch: *Eingang auf der Hinterseite!*

Vor der Tür des Hinterhauses befinden sich eine kleine Bank und ein Tisch. Hier sitzen Uroma und Mikael. Sie waren heute Morgen früh dran und warten jetzt darauf, dass jemand kommt und öffnet. Uroma hat einen Zettel dabei, auf dem sie ein paar Wünsche festgehalten hat. In ihrer Tasche ist auch eine Stoffprobe ihres Leichenhemdes. Uroma will heute noch den Pastor anrufen, um mit ihm zu besprechen, wie ihre Beerdigung ablaufen soll.

„Seit meiner letzten Heirat habe ich kein Wort mehr mit dem Pfarrer gewechselt. Damals haben wir uns so gestritten, dass er mich beinahe vor die Tür gesetzt hätte", sagt sie.

„Warum das denn?", will Mikael wissen und lehnt sich zu Uroma hinüber.

„Weil ich mir einen ganz speziellen Hochzeitsmarsch gewünscht hatte. Das Lied ‚Im Frühtau zu Berge' nämlich. Er war der Meinung, das Lied würde die Ehe und die Trauung, die schließlich eine heilige Handlung seien, verunglimpfen", erklärt sie. „Ich fand es einfach nur schön und es ließ sich beim Einzug in die Kirche so gut darauf marschieren. Mein damaliger Mann fand das auch. Als wir noch frisch verliebt waren, war er in allem meiner Meinung." Uroma summt ein wenig vor sich hin.

Mit Hochzeitsmärschen kennt Mikael sich nicht aus. Und das Lied kennt er auch nicht. Für eine Weile kehrt Stille ein. Mikaels Gedanken wandern zu dem Mädchen aus dem Café. Ob er sie wohl wiedersehen wird? Es wäre schon toll, wenn sie mal zusammen spielen könnten. Computerspiele oder Karten vielleicht, und wer weiß, womöglich hatte sie ja ein Tier, das er sich mal ansehen könnte?

„Und hier kommt Roars Bestattungsinstitut", sagt Uroma und stößt ihn an.

Roar ist ein Mann. Er hat das Geschäft von seinem Vater übernommen, der auch Roar hieß, hat Uroma Mikael erzählt. Wie fein er angezogen ist! Er hat sich richtig in Schale geworfen, denkt Mikael. Roar trägt einen blauen Anzug mit Schlips und die Frau hinter ihm, die ein klein bisschen älter sein mag, ein feines blaues Kleid. Roars Bestattungsinstitut macht einen sympathischen Eindruck, findet Mikael. Sie begrüßen sich. Dann betreten sie das weiße Haus, wo die Frau in Blau – Roars Assistentin – Kaffee für die Erwachsenen und Saft für Mikael holt. Sie stellt auch eine Schale mit Obst auf den Tisch, an dem sie sitzen. An den Wänden hängen Fotos. Das eine zeigt einen See und das andere wurde irgendwo im Wald aufgenommen.

„Wie ich schon am Telefon sagte, werde ich am 14. September sterben. Ich möchte mir deshalb gerne Särge ansehen, meine Todesanzeige aufgeben und den Ablauf der Beerdigung mit Ihnen durchsprechen", sagt Uroma rundheraus.

„Haben Sie an einen bestimmten Sarg gedacht?", fragt Roar und betrachtet sie geradezu vergnügt. Vielleicht findet er es ja gut, dass Uroma „eine Frau ist, die weiß, was sie will", wie Papa immer sagt.

„Den schlichtesten, den Sie haben", antwortet Uroma. Mikael möchte gern etwas dazu sagen und hebt die Hand.

Alle Blicke wenden sich ihm zu.

„Einen weißen Sarg", sagt er. Denn darüber haben sie gesprochen. Dann erzählt er, dass Uroma ihren Sarg eigentlich gerne selbst zusammengezimmert hätte und bereits am Strand entsprechende Bretter gesammelt hatte. Treibholz hat sie es genannt. Aber als sie und Mikael den Stapel gestern genauer unter die Lupe genommen hatten, waren sie zu dem Schluss gekommen, dass die Bretter zu morsch dafür waren.

Uroma bestätigt, was Mikael sagt.

„Und deshalb möchte Uroma einen schlichten weißen Sarg", erläutert Mikael den Bestattern. „Haben Sie so was?" Mit einem erwartungsvollen Ausdruck auf dem Gesicht sieht Mikael Roar an.

Bevor dieser antworten kann, meldet sich Uroma.

„Ich wünsche mir einen weißen Sarg, möchte aber nicht, dass er auch mit weißem Stoff ausgekleidet wird, denn das passt einfach nicht. Ich hätte gern einen Stoff, der zu dem Gewand passt, in dem ich sterben will." Uroma wirft der Frau einen forschenden Blick zu, die verständnisvoll lächelt.

„Kein Problem. Ein weißer Sarg und ein farbiger Stoff", antwortet sie schnell und nickt ihnen beiden zu.

Uroma holt die Stoffprobe heraus, die sie mitgebracht hat. Mikael guckt erneut zu Roars Assistentin hinüber – ob sie den Stoff für zu knallig hält? –, während Uroma den Kopf leicht schief legt. Das macht sie immer, wenn sie darauf gespannt ist, was andere denken.

„Eine festliche Farbe", meint die Frau und nickt ihnen erneut zu. „Ich werde dafür sorgen, dass die Auskleidung des Sarges zum Leichenhemd passt."

„Wunderbar! Und dann möchte ich den Sarg so schnell wie möglich nach Hause geliefert haben, damit ich … damit ich vor meiner Beerdigung schon etwas Probe liegen kann. Wäre das machbar?"

Uroma Blick fliegt vom einen zum anderen.

Vielleicht hat Uromas Wunsch sie ja ein bisschen überrascht, denkt Mikael bei sich, denn keiner sagt etwas. Dann räuspert sich Roar.

„Das lässt sich regeln", erwidert er.

Uroma ist zufrieden.

„Schön, wenn man mit Profis zu tun hat", sagt sie und holt ihren Zettel aus der Handtasche. „Das läuft ja wie geschmiert. Hier, das ist der Ablauf, den ich mir für die Kirche vorgestellt habe, und auf der Rückseite des Zettels habe ich den Text für die Todesanzeige geschrieben."

Uroma legt den Zettel so auf den Tisch, dass sich Roar und seine Assistentin gleichzeitig den Anzeigentext ansehen können. Die Anzeige soll oben von einer Krähe geschmückt werden. Den Text hat Uroma mit Schönschrift in eine schmale Spalte geschrieben:

Wenn ihr das lest, bin ich tot. Im Alter von 92 Jahren starb ich eines natürlichen und selbstbestimmten Todes.
Mein Begräbnis findet in einer Woche statt.
Die Begräbnisfeierlichkeiten sollen am Grab noch nicht zu Ende sein.
Für alle, die Lust haben, geht das Fest anschließend weiter!
Wenn ihr dem, was von mir übrig geblieben ist, gelegentlich einen Besuch abstattet, wünsch ich mir statt Blumen Salat und Mohrrüben für die Wildhasen, die auf dem Grab herumhoppeln.
Mein Dank gilt allen, die kommen.
Ich muss mich jetzt leider verabschieden!
LEBT WOHL! Over and out.
Gruß, Uroma

„Was für eine schöne und ungewöhnliche Todesanzeige!"

Roar sieht Uroma an. Uroma nickt.

„Wir werden ein Bild von einer Krähe besorgen, die Sie ja gerne anstelle einer Taube hätten – was die meisten wählen. Dann müssen noch Datum und Uhrzeit bekannt gegeben werden, aber das kriegen wir hin." Roar dreht den Zettel hin und her und wirft seiner Kollegin einen schnellen Blick zu, um zu sehen, ob sie fertig gelesen hat.

Sie nickt.

Nicht viel später hallt in Roars Begräbnisinstitut lautes und herzhaftes Gelächter wider. Uroma muss immer mitlachen, wenn andere lachen. Michel lächelt nur. Er hat gerade einen großen Bissen Banane im Mund, da ist es etwas schwierig, laut zu lachen.

„Welch ein grandioses Ende!" Die Frau und Roar tauschen einen Blick.

„Hoffentlich ist der Pastor einverstanden", sagt Roar schnell und wirkt ein bisschen besorgt. „Ihre Wünsche fallen schließlich etwas aus dem Rahmen. Vielleicht möchte der Pastor die Zeremonie lieber so wie gewöhnlich durchführen."

Alle sehen sich an und für einen Moment herrscht Schweigen.

„Morgen haben wir noch eine andere Beerdigung, da rede ich mal mit ihm und der Organistin", sagt Roar schließlich zu Uroma.

„Fein, und ich spreche mit ihm, wenn Mikael und ich ihn besuchen. Ich wollte ihn heute anrufen und einen Termin vereinbaren", erwidert Uroma.

„Ich hoffe, dass der Pfarrer und die Organistin ihr Einverständnis zu den Liedern geben", ergänzt Uroma nachdenklich.

„Wohlauf und frisch gewandert ins unbekannte Land", beginnt die Frau leise zu summen und Roar stimmt am Ende des Liedes mit in die Melodie ein. „Das werden viele mitsingen. Es kommen doch sicherlich eine Reihe älterer Leute zur Beerdigung?", fragt Roar und wirft einen Blick auf Mikael.

„Mikaels Eltern und meine Tochter kennen die Lieder sehr gut, so wie die meisten meiner alten Freundinnen, die noch nicht verstorben sind. Sie können die Lieder in- und auswendig und werden sie laut – und falsch – mitsingen. Ich glaube, dass sie kommen werden. Vorausgesetzt sie sterben nicht vor mir. Eine ist nicht so gut auf mich zu sprechen, mit der muss ich vorher noch ein Hühnchen rupfen", antwortet Uroma.

„Was ist mit dem hier?" Roar zeigt auf ein anderes Lied. „Soll das auch von allen gesungen werden oder hatten Sie eher an eine künstlerische Einlage gedacht?", hakt er nach.

„Das ist das fetzigste Lied, das ich kenne, und das sollen alle hören. Ob es wohl erlaubt sein wird, dazu in der Kirche zu tanzen? Meine Freunde und meine Familie haben immer gern getanzt, abgesehen von meiner Tochter, die Arme, die immer solche Hüftschmerzen hat." Uroma wechselt einen Blick mit Mikael. Er nickt zustimmend.

„Kannst du dich noch an unser Familientreffen letztes Jahr erinnern, Uroma? Da hat die Familie die ganze Nacht durchgetanzt."

Mikael sieht sie an. Uroma macht eine eifrige Kopfbewegung und zuckt mit den Füßen, so als ob sie am liebsten sofort das Tanzbein schwingen würde.

„Das Elvis-Familientreffen! War das ein Spaß, und es hat die ganze Nacht gedauert! So viele Elvis-Gestalten hatte ich noch nie auf einem Haufen gesehen. Ich hatte mich als Priscilla, Elvis' Frau, verkleidet – drei Tage bin ich so rumgelaufen!" Uroma lacht in sich hinein.

„Ich habe noch nie jemanden während einer Begräbniszeremonie tanzen sehen. Aber mittlerweile gibt es auch ein paar Pastoren, die den Wünschen der Leute gegenüber aufgeschlossener sind. Also, wer weiß", meldet sich die Assistentin zu Wort und guckt zu Roar hinüber, der Uromas Wunsch gerade auf seinem Zettel notiert.

„Können Sie das den Pastor auch fragen?", meint Uroma. „Es wäre so schön, wenn in der Kirche ein bisschen getanzt würde! Und das andere Lied, das ich mir ausgesucht habe und in das alle einstimmen sollen, ist ‚Karl der Käfer' von ‚Gänsehaut'. Das ist das schönste Protestlied, das ich kenne. Wissen Sie, wie es geht?"

Uroma sieht einen nach dem anderen an und stimmt das Lied an, das sie Mikael früher immer beim Zubettgehen vorgesungen hat.

Beide nicken. Mikael muss mal. Er steht auf und fragt nach dem Klo. Bevor er die Tür schließt, hört er die Stimmen von Uroma, Roar und seiner Assitentin, die „Karl der Käfer wurde nicht gefragt, man hat ihn einfach fortgejagt" singen.

Als er zurückkommt, fragt Mikael, wo die Särge stehen.

Roar erklärt, dass sie sich in dem kleinen Schuppen befinden, vor dem Uroma und Mikael vorhin gewartet haben.

„Da kann ich doch gleich mal einen ausprobieren, oder?" Uroma springt auf und ist schon auf dem halben Weg zur Tür, als Roar sie stoppt.

„Bedaure, aber wir haben momentan leider nur noch Särge in XL. Sie kommen bestimmt mit einer kleineren Größe aus. Größe L, denk ich", sagt er und überfliegt mit einem raschen Blick Uromas Gestalt.

„Ich nehme einen in Größe M", antwortet Uroma freiheraus. „Die Größe hatte ich schon lange nicht mehr, die nehm ich! Ich kauere mich lieber eng zusammen."

Alle gucken Uroma an. Für einen Moment sieht sie bierernst aus, bevor sie sich vor Lachen auf die Schenkel klopft. Dann steht sie auf und bedankt sich für die nette, Vertrauen einflößende Besprechung.

Die Assistentin steckt Mikael auf dem Weg nach draußen noch einen Apfel zu und Roar versichert, in ein paar Tagen einen schlichten Sarg in Größe M zu liefern, sodass Uroma schon mal ein wenig trainieren kann.

Danach gehen Uroma und Mikael zum Friseur, wo Uroma sich einen Termin geben lässt. Sie möchte ihr Haar noch einmal frisch gewaschen und eingedreht haben, bevor sie stirbt.

Als sie auf dem Nachhauseweg auf der Bank beim kleinen Waldsee, den Uroma so gerne mag, Station machen, holt sie das

Handy heraus. Sie hat sich kurzerhand dafür entschieden, den Pastor lieber früher als später zu treffen. Und sie möchte ihn persönlich sehen und nicht nur alles telefonisch besprechen. Mikael hält das für eine gute Idee. Er hilft ihr, eine SMS an die Telefonauskunft zu schicken, damit sie die Telefonnummer erhält. Mikael spürt Uromas Anspannung.

„Wird schon gut gehen, Uroma. Ruf am besten gleich an, dann hast du's hinter dir", sagt er zu ihr.

Uroma nickt, beißt sich auf die Lippe und wählt die Nummer.

„Hallo, ist dort das Pfarramt?", fragt sie.

Mikael hört eine Frauenstimme antworten. Er lauscht, während er auf den See hinausguckt und feststellt, dass es inzwischen leicht regnet.

„Ich möchte den Pastor gerne so bald wie möglich treffen. Ich muss mit ihm über die Lieder und den ganzen Kram für meine Beerdigung sprechen, die in Kürze bevorsteht." Uroma schreit beinahe in den Hörer und fummelt mit der anderen Hand an ihrer Handtasche herum.

„Kommen Sie morgen um zehn!", hört Mikael die Frauenstimme antworten, fast genauso laut wie Uroma.

„SDT! Oder, mit anderen Worten, supidupitoll", antwortet Uroma fröhlich. „Ich bringe meinen Assistenten mit, meinen Urenkel Mikael. Morgen um zehn also. Auf Wiederhören."

Uroma wirft Mikael einen Blick zu. Er hält den Daumen hoch – spitze gelaufen!

„Mann, ist das anstrengend, alles zu regeln, Mikael. Wie gut, dass du mir dabei hilfst und mich unterstützt, sodass ich nicht alles allein machen muss", sagt sie und wuschelt ihm durchs Haar, während sie im herabprasselnden Herbstregen nach Hause gehen.

Als sie daheim sind, holt Mikael Holz aus dem Keller, sodass Uroma Feuer im Ofen machen kann. Dann ruft er seine Eltern an und erzählt ihnen, was sie heute alles erledigt haben. Mama und Papa vermissen ihn schon. Als Papa fragt, ob er Heimweh hat, antwortet Mikael wahrheitsgetreu, dass er dafür viel zu viel um die Ohren habe.

In dieser Nacht träumt Mikael einen merkwürdigen Traum. Einen Traum von Särgen in unterschiedlichen Formen und Größen, und dass Uroma sich in eine Streichholzschachtel zwängt. Er träumt von einem Haufen Leute, die in einer Kirche tanzen und johlen, und von einem Pastor, der sich die Haare rauft und aussieht, als würde er die Welt nicht mehr verstehen.

Uromas Erbe

Es ist Morgen. Uroma betrachtet einen Buntspecht vor dem Küchenfenster, der jeden Tag zur selben Zeit auftaucht. Mikael liest einen alten Comic, den er in einer Schublade gefunden hat.

„Ob sie wohl wissen, dass sie Vögel sind?", hört er Uroma sagen. Er weiß, dass er nichts erwidern muss, denn Uroma spricht öfter mit sich selbst. Manchmal hört er zu, manchmal nicht. „Ob sie wohl eine Ahnung davon haben, dass sie in etwas herumfliegen, das sich Luft nennt?" Uroma guckt ihren kleinen gefiederten Freunden zu.

„Aber ich denke ja auch nicht gerade oft darüber nach, dass ich ein Mensch bin", redet sie leise vor sich hin.

Uroma redet drauflos, redet über dieses und jenes. Mikael kann sich nicht länger auf seinen Comic konzentrieren und steht auf, um sich etwas zu trinken zu holen.

„Du bist wirklich eine Spezialistin im Selbstgespräche-Führen, was, Uroma?", sagt er und umarmt sie.

„Es ist nicht das Schlechteste, vor seinem Tod noch ein bisschen seinen inneren Komposthaufen zu wenden", antwortet sie und verlässt den Tisch, um die Teller mit den Brotscheiben, die sie schon frühmorgens geschmiert hat, aus dem Kühlschrank zu holen.

Mikael weiß nicht immer etwas mit Uromas Ausdrücken anzufangen. Seinen inneren Komposthaufen wenden – was soll das jetzt schon wieder sein? Aber es scheint sich um nichts Schlimmes zu handeln. Da ist etwas anderes, das ihm viel mehr Sorgen macht:

„Wer soll sich eigentlich um deine Vögel kümmern, wenn du stirbst?" Mikael dreht sich zu Uroma um und setzt sich wieder auf die Küchenbank. Uroma trinkt einen Schluck Kaffee.

„Ich weiß noch nicht, wer. Ich hoffe, dass die Leute, die das Haus nach mir bewohnen werden, ebenfalls Vögel mögen. Aber ich habe auf jeden Fall Geld dafür zurückgelegt, Mikael. Ich habe so viel gespart, dass sie noch viele Jahre täglich gefüttert werden können. Ich muss nur jemanden finden, der sich darum kümmert, dass das Vogelhäuschen regelmäßig aufgefüllt wird. Das wird sich schon finden, ganz bestimmt", antwortet sie.

Schweigend nehmen Mikael und Uroma ihr Frühstück ein. Mikael muss an das denken, was Uroma gerade gesagt hat. „Die das Haus nach mir bewohnen werden", hat sie gesagt. Ihm geht durch den Kopf, dass später andere in ihrem Haus wohnen werden, dass andere entscheiden werden, was daraus wird. Und dass er, Mikael, nicht mehr einfach so hierherkommen kann, wenn ihm der Sinn danach steht. Plötzlich fühlt er sich traurig. Uroma ist das anscheinend nicht entgangen.

„Das hat mit dem Erbe zu tun, Mikael", sagt sie und sieht ihn an. „Wenn ich sterbe, erbt meine Tochter das Haus, aber sie hat kein Geheimnis daraus gemacht, dass sie hier nicht leben, sondern es vermieten will. Und wenn sie gestorben ist, erbt dein Vater das Haus."

Mikael nickt. „Aber was wird dann aus all deinen Sachen und deiner Kleidung, was passiert damit?" Mikael lehnt sich über den Tisch und trinkt einen Schluck Milch.

„Du darfst dir auf alle Fälle aussuchen, was du davon gerne haben möchtest, Mikael. Mein Fahrrad vielleicht?", schlägt Uroma vor. Mikael macht eine zustimmende Kopfbewegung.

„Ja, gerne das Fahrrad. Und deine Elvis-Platten. Die würde ich auch gerne haben, wenn das geht. Zur Erinnerung an dich", schiebt Mikael schnell hinterher.

„Prima! Ich habe ja schon einen Großteil meiner Kleidung aussortiert und in Säcke getan. Glaubst du, dass noch irgendjemand Verwendung für meine zeltähnlichen Kleider hat? Abgesehen von denen, die daraus vielleicht Flickenteppiche machen wollen? Aber wer macht heute noch selbst Flickenteppiche?", fragt Uroma und sieht Mikael an.

„Du kannst deine restlichen Sachen ja verkaufen, Uroma. Stell doch einfach an der Straße einen Tisch auf und schreibe auf ein Plakat, dass diese Sachen zu erwerben sind.

„So etwas wie einen vorgezogenen Nachlassverkauf, meinst du?", fragt sie.

Mikael überlegt. Eifrig springt er plötzlich auf. „Ich hab 'ne super

Idee, Uroma!", ruft er und fuchtelt mit den Armen in der Luft herum. „Eine echte Wahnsinnsidee. Weißt du, was wir machen? Ein Partyzelt! Wir nähen aus deinen ganzen Kleidern ein riesiges Partyzelt und veranstalten einen Flohmarkt! Mit deinen Holzschuhen, Bildern, Blumentöpfen, Tassen und Tellern", rasselt Mikael herunter.

Uroma wird von Mikaels Eifer angesteckt. Auch sie springt vom Stuhl auf.

„Perfekt, Mikael! Um nicht zu sagen clever! Ich übernehme das Nähen, das kann ich wie aus dem Effeff. Zelte jedenfalls. Und dann servieren wir Hefebrötchen und Saft, laden unsere Bekannten ein und stellen ein paar Plakate auf."

Uroma lacht hell auf. „Das Einzige, was ich behalten muss, sind Tassen und Teller für meinen Todestag. Falls irgendwer Interesse daran haben sollte, kann er sie ja nach meinem Tod abholen."

Mikael nickt. Und dann fällt ihm etwas ein. Er guckt auf sein Handydisplay und sieht, dass bis zu ihrem Gespräch mit dem Pastor nur noch eine knappe halbe Stunde Zeit ist.

„Du hast aber nicht vergessen, dass wir uns heute mit dem Pfarrer treffen wollten, oder, Uroma?", fragt er. „Es ist schon halb zehn vorbei."

„Doch, das hab ich völlig vergessen. Der Pastor, Himmel hilf! Wir müssen uns beeilen. Wie gut, dass du aufgepasst hast, Mikael", lobt Uroma ihn. Für einen flüchtigen Moment blitzt ein Anflug von Nervosität in ihren Augen auf.

„Uh! Dieser alte Streit, den ich vor langer Zeit mit dem Pastor hatte, liegt mir noch ziemlich auf der Seele, Mikael. Aber diesmal reiß ich mich zusammen. Diesmal werde ich keine Auseinandersetzung anfangen, nicht flunkern und aus der Haut fahren, so wie beim letzten Mal. Ich schwör's!", sagt sie, als ob sie sich selbst ermahnen wollte, und stellt ihr Frühstücksgeschirr in die Spüle.

„Los jetzt, Uroma. Wir können später weiterplanen. Jetzt müssen wir uns beeilen."

Er hofft inständig, dass der Pastor ausgeschlafen hat und guter Laune ist.

Pastor Knut

Die Kirche ist nicht weit entfernt. Sie fahren diesmal nicht Richtung Einkaufszentrum, sondern biegen in die entgegengesetzte Richtung ab. Die hübsche alte Steinkirche liegt auf einem kleinen Hügel, Pfarrhaus und Pfarramt befinden sich dahinter. Die schmale Straße, die sich zur Kirche hinaufschlängelt, führt am Friedhof vorbei. Mikael kann vom Auto aus erkennen, dass ein paar Männer mit einem kleinen Bagger ein Grab ausheben.

„Wenn du an den Männern vorbei aus dem Fenster guckst, Mikael, kannst du dann die schöne Birke dahinten sehen? Die etwas abseits steht?" Uroma hält das Auto an und Mikael reckt den Hals, um den Baum sehen zu können, den Uroma meint.

„Ich sehe ihn. Ist das der Ort, an dem du begraben werden willst?" Er richtet den Blick auf Uroma, die nickt, ohne ihn anzusehen. Stattdessen wird ihr Blick von den beiden Männern am Grab angezogen. Was Uroma wohl gerade durch den Kopf geht?, fragt Mikael sich.

„Man soll ein Grab nie zu früh ausheben", sagt sie einen Moment später und lässt den Motor wieder an. Was will sie denn damit sagen?

Uroma schmunzelt und fragt ihn, ob er sich noch an das Kaninchen erinnert, das sie vor ein paar Jahren besessen hat. Das weibstolle Kaninchen, von dem alle dachten, dass es krank sei.

„Und ob ich mich noch daran erinnern kann!", sagt er. „Bruno hieß es. Und du hattest uns sogar zu seiner Beerdigung eingeladen. Hattest ein Loch in die Erde gegraben und ein Kreuz mit seinem Namen gebastelt. Dabei ist er gar nicht gestorben!" Mikael kichert.

„Oh weh, das war eine furchtbare Geschichte." Uroma schüttelt den Kopf. „Als ich zur Tierärztin ging und schon den ganzen Tag lang vor Kummer geweint hatte, weil dieses schöne, kleine Kaninchenleben zu Ende ging, sagte sie, dass er überhaupt nicht krank sei und eingeschläfert werden müsse. Bruno würde bald wieder ganz hergestellt sein, er müsse nur kastriert werden", sie lacht. „Das war vielleicht ein Zirkus! Zu Hause saßen sie alle beisammen, sieben an der Zahl, und warteten auf die Leiche. Alle hatten Blumen dabei. Und du hattest eine so schöne Karte gebastelt: *Ruhe in Frieden. Vielen Dank für alles, lieber Bruno!* Das Problem war nur – es gab keine Leiche. Weißt du auch noch, dass wir stattdessen den Winter begraben haben, Mikael? Einen kleinen Klumpen Schnee?"

Mikael nickt. Er kann sich noch gut an den Tag erinnern, an dem Brunos Beerdigung abgeblasen wurde.

„Und was, wenn dir das jetzt auch passiert, Uroma? Alle sind da und warten, und du schaffst es nicht zu sterben. Das wäre eine schöne Aufregung!"

Neugierig sieht Mikael sie an. Ihm ist tatsächlich schon durch den Kopf gegangen, dass das passieren könnte. Es ist so gut wie unvorstellbar, dass Uroma einfach so, schwups!, sterben könnte, nur weil sie das so beschlossen hat.

„Dann würde ich aber was zu hören bekommen, Mikael!", sagt sie kopfschüttelnd. „Ich muss so schnell wie möglich mit dem Üben anfangen, sobald der Sarg da ist. Vielleicht sollte ich auch das ganze Glas extrascharfen Chili aufessen, denn nach dem einen Löffel war ich schon halbwegs hinüber."

Das Pfarramt und das Pfarrhaus befinden sich unter einem Dach. Es ist ein großes weißes Gebäude, das etwas heruntergekommen aussieht. Papa würde sagen, dass es gut ein wenig Farbe vertragen könnte.

Vor dem Haus stehen ein Moped und ein altes grünes Fahrrad. Uroma und Mikael gehen durch eine Tür, an der ein Messingschild und eine Klingel befestigt sind. *Pfarramt* steht auf dem Schild.

Mikael versucht zuerst, zu klingeln, aber vielleicht ist die Klingel kaputt, denn er hört kein Geräusch. Vom Flur geht nur eine Tür ab.

Uroma klopft an die breite braune Tür. Ein bisschen zaghaft zuerst.

Keine Antwort. Und keine Geräusche von drinnen.

Danach klopft Mikael mehrmals hintereinander an die Tür. Immer noch keine Reaktion.

Uroma sieht Mikael an. Sie hebt eine Augenbraue und macht

eine Kopfbewegung zur Tür. Mikael versteht. Sie will wissen, ob sie einfach so reingehen sollen. Er nickt. Uroma öffnet die Tür. Vorsichtig treten sie ein.

Das Zimmer ist weiß gestrichen. Drei ausladende Fenster an der gegenüberliegenden Wand lassen viel Licht herein und sind von langen Vorhängen aus einem schweren beigefarbenen Stoff eingefasst. Das Zimmer riecht frisch gestrichen. Vor den Fenstern befindet sich ein großer, alter Schreibtisch, auf dem eine ebenso alte Lampe steht. Sie hat einen hellen Schirm und einen Fuß aus geflochtenen Zweigen. Auf dem Schreibtisch liegt ein Stapel Zeitungen, daneben ein paar Ausgaben von „Arm und Reich" und „Der Blutspender".

Neben der Lampe steht ein in Silber gerahmtes Schwarz-Weiß-Foto. Es zeigt eine Frau, die eine Strickjacke trägt und lächelnd an einer Kirchenorgel sitzt. Die Organistin, denkt Mikael.

Der Pastor muss sie sehr gern haben, wenn er ihr Foto in einem Silberrahmen auf seinem Schreibtisch stehen hat. Mikael sieht sich im Zimmer um.

An einer Querwand steht ein kleiner Tisch mit zwei Stühlen. Eine gehäkelte Decke ist über das Tischchen gebreitet und jemand hat Kaffeetassen, eine Zuckerschale, eine kleine Schüssel mit Keksen und eine silberfarbene Thermoskanne daraufgestellt. Über dem Tisch hängt ein Bild von Jesus. Und direkt darunter, in der Mitte des Goldrahmens, ist an einem Nagel ein kleines Holzkreuz zu sehen.

Mikael hört eine Uhr ticken. Sie hängt an der anderen Wand. Die Uhr ist alt, braun und mit einer Glasscheibe abgedeckt, sodass er das lange Messingpendel langsam hin und her schwingen sehen kann. Es ist kurz nach zehn. Dann zuckt Mikael zusammen, denn auf dem Sofa unter der Uhr liegt – mit dem Gesicht zur Wand und einer grau-weißen Decke über den Beinen – ein Mann. Er liegt vollkommen reglos da. Ob er tot ist? Sein Haar, beziehungsweise was davon noch übrig ist, ist grau und im Nacken kurz geschnitten. Sein Körper ist groß und schlank. Er trägt eine Strickjacke mit Schwarz-Weiß-Muster.

Aber der Mann ist glücklicherweise nicht tot – plötzlich setzt er sich auf und sieht Mikael und Uroma bestürzt an.

„Verzeihung, ich bin wohl eingeschlafen. Ist es schon zehn? Denn ich bin doch gewiss mit Ihnen verabredet? Ich habe heute Nacht so schlecht geschlafen. Werde wohl langsam alt", gibt er verwirrt von sich und kommt auf sie zu, um sie zu begrüßen. Er ist noch etwas unsicher auf den Beinen, nachdem er so plötzlich aufgestanden ist, und muss sich am Tisch abstützen, als er die andere Hand zur Begrüßung ausstreckt: „Guten Tag, ich bin der Pastor. Sagen Sie doch Knut zu mir."

„Die Zeit läuft ab und lässt sich nicht zurückdrehen", sagt Uroma und ergreift Pastor Knuts Hand. Mikael nickt und der Pastor grüßt erneut und bittet sie, am Tisch Platz zu nehmen. Er zieht seinen Bürostuhl an den kleinen Tisch und setzt sich zu ihnen.

Pastor Knuts eine Wange ziert ein Kreuzstichmuster, der Abdruck von dem Kissen, auf dem er gelegen hat. Seine Nase ist lang und schief. Irgendwie erinnert er Mikael an einen Boxer, den er mal im Fernsehen gesehen hat.

Das Gesicht des Pastors ist länglich und über seinen braunen Augen wölben sich zwei buschige Augenbrauen. Er schenkt Kaffee ein, schiebt die Schüssel mit den Keksen zu ihnen hinüber und bittet sie, sich zu bedienen.

„Ich möchte eigentlich nur erläutern, wie ich mir meine Beerdigung vorstelle", sagt Uroma mit lauter, klarer Stimme. Nervös scheint sie nicht mehr zu sein, stellt Mikael erleichtert fest.

„Natürlich, ich habe von Ihnen gehört. Sie planen, am 14. zu sterben, stimmt das?" Der Pastor fährt sich über seine buschigen Augenbrauen und sieht sie an.

Uroma ist beeindruckt, dass der Pastor offensichtlich schon im Bilde ist. Ob Roar vom Bestattungsinstitut ihm das vielleicht erzählt hat?

„Das stimmt. Ich habe inzwischen den Großteil meiner Vorbereitungen getroffen. Nun möchte ich natürlich gerne, dass die Begräbniszeremonie so wird, wie ich mir das wünsche", antwortet Uroma und nimmt sich ein Stück Zucker, um es in den Kaffee zu tunken. Pastor Knut schweigt einen Augenblick, bevor er antwortet.

„Nun, es gibt ja so viele schöne Kirchenlieder, die sich für eine Beerdigung eignen", gibt er zögernd von sich und guckt Uroma an. Er fügt hinzu: „An was für Lieder dachten Sie denn?"

Nun schweigt Uroma einen Augenblick. Sie nimmt sich noch ein Stück Zucker.

„Keine Lieder, die man direkt als unnormal bezeichnen könnte. Aber eines ist schon anders, würde ich sagen", erwidert sie.

„Können Sie mir bitte ein paar Lieder nennen?"

Mikael findet, dass es jetzt an der Zeit ist, einzugreifen und Uroma beizustehen. Es scheint, als ob sie sich etwas schwer damit tut, mit der Sprache rauszurücken.

„Haben Sie schon mal von Elvis gehört?", fragt er vorsichtig.

Uroma und Mikael warten gespannt auf die Antwort des Pastors.

„Elvis? Natürlich habe ich von Elvis gehört. Aber ich wollte eigentlich wissen, für welche Kirchenlieder Sie sich entschieden haben." Knuts Blick wandert von Uroma zu Mikael.

„Du meinst doch sicher den Sänger?", hakt der Pastor schließlich nach. Mikael nickt.

„Ja, wir meinen Elvis Presley himself", ergänzt Uroma schnell.

„Für die Beerdigung?", fragt der Pastor zögerlich nach.

„Selbstverständlich", antwortet Uroma munter. „Von ihm stammt dieses tolle Lied *Return to sender*. Das könnte man doch im weitesten Sinn als Kirchenlied auffassen, oder?"

Sie sieht den Pastor an.

Der sagt erst mal gar nichts. Vielleicht versteht er ja kein Englisch?, denkt Mikael. „Du großer Gott", antwortet Pastor Knut. „Aber das ist doch ein Rocksong und kein Kirchenlied, oder?"

Er murmelt leise vor sich hin. Mikael kommt es so vor, als ob er nach der Melodie sucht.

„Badiba bumm bumm", singt Uroma plötzlich, um ihm auf die Sprünge zu helfen. „Jetzt haben Sie's, das ist das Lied, Pastor Knut. Zurück an den Absender! Haben Sie sich eigentlich mal darüber Gedanken gemacht, dass unsere Körper aus demselben Stoff bestehen, aus dem sich auch Mutter Erde zusammensetzt? Und dahin führt mich schließlich mein Weg – zurück zur Erde!" Uroma lacht. „Das ist alles ziemlich schlau ausgedacht. Geradezu genial!"

Mikael sieht Pastor Knut an, dass er offensichtlich am Überlegen ist.

„Ich weiß nicht, wie sich die Organistin dazu stellt", erwidert er mit schwacher Stimme. „Meine Frau Ingrid ist eine fähige Organistin, hat aber ein bisschen Probleme mit ... äh, mit dem Tempo. Also, ich weiß wirklich nicht ..."

„Ich habe einen Plattenspieler, den könnte ich ja mitbringen", wirft Uroma ein, hält dann aber inne. „Ach, was rede ich denn da?" Sie lacht erneut. „Dann bin ich ja schon längst tot!"

Uroma nimmt sich ein weiteres Stück Zucker und schüttelt den Kopf über ihre eigene Vergesslichkeit.

„Darum kümmere ich mich, wenn ich mit meiner Familie zusammenkomme. Irgendjemand wird ihn schon mitbringen, ganz bestimmt", fährt sie fort und bedient sich erneut beim Zucker.

„Wir haben in der Kirche eigentlich am liebsten richtige Musik", sagt Knut. „Ich muss darüber nachdenken und mit meiner Frau darüber sprechen. Aber zurück zu den Kirchenliedern. Sie haben sich sicher auch ein geistliches Lied ausgesucht, das für ein Begräbnis passend ist?"

Bevor Uroma die anderen Lieder aufzählen kann, mischt Mikael sich ein, denn schließlich gibt es im Zusammenhang mit dem Elvis-Lied noch etwas anderes Wichtiges zu klären.

„Uroma liebt es zu tanzen", sagt er, „deshalb würde sie gerne wissen, ob es in Ordnung wäre, dass alle ein bisschen tanzen, wenn Elvis gespielt wird. Das ist bei uns so üblich, bei Familienfesten und so", sagt Mikael schnell, während Uroma zustimmend lächelt.

Im Pfarramt wird es ganz still. Man hört nur die Uhr an der Wand ticken. Pastor Knut ist angesichts dieser seltsamen Wünsche ziemlich sprachlos. Auf seiner Nase bilden sich Schweißperlen.

Im selben Moment wird zweimal kurz an die Tür geklopft, bevor eine hochgewachsene Frau in der gleichen Strickjacke hereinkommt, wie der Pastor sie trägt. Es ist die Frau von dem Foto auf seinem Schreibtisch. Sie sieht aus, als hätte sie Humor, denkt Mikael, wie sie da vor ihnen steht. Genau wie Uroma, schießt es ihm durch den Kopf. Die Frau strahlt übers ganze Gesicht.

„Moin, ich heiße Ingrid. Ich bin die Organistin und dann habe ich auch noch den Job als Ehefrau des Pastors."

„Freut mich! Dann habe ich mich gestern am Telefon also nicht verhört? Als ich dachte, dass Sie Dänin sind?" Uroma erhebt sich geschwind und schüttelt Ingrids ausgestreckte Hand.

„Das stimmt. Ich stamme aus der bäuerlichen Gegend um den Limfjord", sagt sie und erwidert Uromas Lächeln, bevor sie sich an Mikael wendet. „Und du bist ihr Assistent? Das ist gut. Das hat deine Uroma schon gestern am Telefon erwähnt."

Mikael findet, dass sie Uroma immer mehr ähnelt – sie ist nur doppelt so groß. Wenn sie redet, strahlt sie so etwas aus. Und ihre Augen funkeln und glitzern, als ob sie sich allen möglichen Schabernack einfallen lassen könnte. Ingrid streicht ihr halblanges Haar hinter die Ohren und tritt hinter den Stuhl des Pastors.

„Sie planen Ihren Tod, wie ich hörte? Bin gespannt, ob so etwas funktionieren kann. Das ist so erfrischend anders, dass ich unbedingt mehr darüber erfahren muss. Hoffe, Sie haben sich ein paar flotte Lieder ausgesucht, die ich spielen darf?", fragt sie.

Uroma erläutert alles noch einmal. Mikael erinnert sie auch an die anderen Lieder.

„Ich habe gesagt, dass ich erst mit dir über den Elvis-Song reden muss und erst recht wegen des Tanzens. Ich weiß nicht, ob ich das gut finden soll", sagt Pastor Knut.

„Hör mal, Knut", erwidert Ingrid, „kannst du dich noch an unsere Amerikareise vor vielen Jahren erinnern? Und wie sie da in den Kirchen getanzt haben? Phänomenal! Damals hast du gesagt, dass du so etwas zu gerne auch mal bei uns sehen würdest."

Ingrid guckt ihren Mann an, der ein wenig blass um die Nase geworden ist.

„Das ist doch eine fantastische Gelegenheit, mal etwas Neues,

Aufregendes und Lustiges zu machen. Am liebsten würde ich noch die Zeitungen zu diesem Ereignis einladen. *Pastor Knut und Organistin Ingrid gehen bei der Beerdigung von Uroma ganz neue Wege.* Das wird die Leute wieder in Scharen in die Kirche locken!"

Ingrid hat die Augen geschlossen und gestikuliert wild mit den Armen, während sie redet.

„Für mich als Leiche wär das völlig in Ordnung. Ich bin schon einmal im meinem Leben in der Lokalzeitung gewesen und würde gerne noch ein letztes Mal Aufsehen erregen. Das kenne ich schon", sagt Uroma herzhaft lachend.

Mikael muss die ganze Zeit den Pastor anschauen, der richtig elend aussieht.

„Aber was werden die Leute sagen? Elvis und *Return to sender?* Tanz? Rock? Und was soll der Bischof davon halten? Und die Kirchenältesten? Was werden die Leute von mir denken?"

Knuts Blick schweift von einem zum anderen. In seinen Augen steht ein verzweifelter, resignierter und ernster Ausdruck.

„Wovor hast du denn Angst, Knut? Abgesehen von Weihnachten, Hochzeiten, Taufen und Beerdigungen kommen ja sowieso nicht mehr so viele in die Kirche", wirft Ingrid ein. „Verstehst du denn nicht, dass das eine fantastische Gelegenheit ist, den Leuten Kirche wieder näherzubringen?"

„Dann erwähne ich eben noch, wie ich mir das Ende der Zeremonie vorstelle, sodass Sie über alles im Bilde sind."

Uroma rutscht ein bisschen auf ihrem Stuhl herum und atmet tief ein.

„Wenn der Sarg hinausgetragen wird, wünsche ich mir, dass der Herr Pastor noch einen winzig kleinen Satz ruft. Ein paar schlichte Worte, die bestimmt gut zu diesem Anlass passen würden, davon bin ich jedenfalls überzeugt." Sie lächelt Mikael kurz zu, bevor sie weiterredet: „Ich, Uroma, habe das Gebäude verlassen! Aber Sie müssen es auf Englisch sagen, *Uroma has left the building*, sodass es zu Elvis und *Return to sender* passt. Den Satz haben die Sprecher oft nach seinen Konzerten gesagt, damit die Zuschauer nicht länger auf eine Zugabe warteten. Ich helfe Ihnen auch gerne mit der Aussprache, falls Sie sich nicht mehr daran erinnern."

Uroma ereifert sich immer mehr, sie nimmt zwei Zuckerstücke auf einmal in den Mund. Nachdem die Worte raus sind, wirft sie dem Pastor und der Organistin sofort einen erwartungsvollen Blick zu.

Das mit dem Satz hat Uroma Mikael noch gar nicht gesagt, aber er findet, dass sich das toll anhört.

Organistin Ingrid ist ganz seiner Meinung: „Genial! *Uroma has left the building!*", ruft Ingrid und klatscht in die Hände. „Genau das haben Sie dann getan. Ihre Seele wird Ihren Körper verlassen haben, der anschließend in Mutter Erde zerfallen wird!"

Organistin Ingrid umrundet einmal den Büroschreibtisch.

Mikael bemerkt, dass der Pastor aussieht, als ob er in eine Schlafstarre gefallen wäre. Er gibt keinen Ton von sich, sitzt nur vollkommen still da und starrt geradeaus.

„Jetzt haben Sie gehört, was Uroma sich vorstellt." Mikael lehnt sich ein bisschen vor, damit der Pastor ihn besser versteht, denn Uroma und Ingrid sind ins Gespräch vertieft. Aber viel weiter kommt er nicht, als Uroma ihn auch schon unterbricht.

„Mikael? Kennst du dich mit diesen Graffiti aus, mit denen man bei Festen und lustigen Begebenheiten um sich schmeißt?" Uroma sieht ihn fragend an.

„Graffiti? Was meinst du damit? Das sind doch so 'ne Art Zeichnungen, Uroma. Ich hab noch nie gehört, dass man damit um sich wirft."

Mikael trinkt noch mehr Saft. Er findet es schön, dass Uroma endlich eine Frau getroffen hat, die ihr ähnlich ist. Aber er ist sich auf einmal nicht mehr sicher, ob er das alles so lustig finden soll. Soll die Beerdigung etwa nur ein riesiges Fest, ein Heidenspaß sein?

Mikael merkt plötzlich, dass er den Pastor verstehen kann. Er ist traurig, dass Uroma und Ingrid nur lachen und so darüber reden, als sei es überhaupt nicht schrecklich, dass Uroma sterben und ihren Körper verlassen wird. Und … ja … und ihn.

„Sie meinen vielleicht Konfetti?", seufzt Pastor Knut und erhebt sich langsam. Auf seiner Stirn ist eine große Sorgenfalte.

Mikael steht auch auf. Nicht, dass er das geplant hätte, und nicht, weil er irgendetwas kaputt machen will. Aber er muss es einfach sagen.

„Ich finde nicht, dass das alles so lustig ist, Uroma."

Mikael spürt, dass sich Wut in ihm breitmacht.

„Es geht hier nicht um Karneval oder irgendeinen normalen Geburtstag. Ich kann nicht gerade darüber lachen, denn es ist ja vor allem traurig. Du wirst sterben und nicht mehr bei uns sein."

Ihm ist warm geworden. Mikael lässt sich wieder auf den Stuhl fallen. Es hat gutgetan, diese Worte laut auszusprechen.

Im Pfarramt wird es still. Alle gucken ihn an. Der Pastor nickt und ist offensichtlich einer Meinung mit ihm.

„Das mit den Konfetti ist vielleicht tatsächlich ein bisschen zu viel des Guten?", fragt Uroma zaghaft.

Mikael nickt. Er kann nicht antworten, weil er einen Kloß im Hals hat. Er umklammert sein Glas.

Uroma dreht sich zu Ingrid um.

„Wir haben uns wohl etwas hinreißen lassen", meint sie.

„Ja, Mikael hat recht", antwortet Ingrid. „Das ist kein Karneval. Uns fällt bestimmt etwas anderes ein, das wir stattdessen verstreuen können. Reis oder Haferflocken vielleicht?"

Ingrid guckt Mikael an. Sie will seine Zustimmung.

Entschieden schüttelt Uroma den Kopf.

„Reis ist nicht gut für die Vögel. Die Körner quellen im Magen auf. Und Haferflocken hängen mir zum Hals raus", fügt sie hinzu, bevor sie weiter überlegt.

„Blumen", wirft Mikael schnell ein. „Blumen für jemanden, der so eine Blumenfreundin ist wie du, Uroma – das müsste doch für eine Beerdigung passen, die traurig und zugleich ein kleines Fest ist?" Mikael sieht sie an.

„Ja, Mikael, das ist eine schöne Lösung. Und du hast vollkommen recht. Beerdigungen haben etwas Wehmütiges an sich. Ein Leben ist zu Ende gegangen." Uroma steht auf und geht im Zimmer hin und her. „Manche Beerdigungen sind entsetzlich schmerzhaft." Sie hält kurz inne, bevor sie weiterspricht. „Ich möchte meine Beerdigung feiern, weil ich ein langes und schönes Leben gehabt habe. Zuerst soll es ein Fest geben, um dieses schöne, lange Leben zu feiern. Danach ist Zeit für Einkehr und liebe Erinnerungen. Und nicht zuletzt Zeit, um mich zu vermissen. Für mich ist es ein tröstliches Gefühl, dass du mich vermissen wirst, Mikael."

Sie setzt sich wieder auf den Stuhl. Mikael sieht, dass Pastor Knut sich wirklich Mühe gibt, zu verstehen, was Uroma sagt.

„Hört mal alle her", ergreift der Pastor das Wort und lässt die Hand auf den Schreibtisch hinabsausen. Mikael, Ingrid und Uroma verstummen.

Pastor Knut erhebt sich und geht ebenfalls eine Runde durchs Zimmer.

„Das ist nicht einfach für mich", gibt er zu verstehen. „So etwas habe ich noch nie zuvor gemacht. Ich riskiere damit meinen Job. Der Bischof könnte einschreiten. Unsere Gemeinde könnte negativ darauf reagieren."

Der Pastor lässt einen schweren Seufzer hören. Er tritt ans Fenster und sieht hinaus. Er überlegt kurz und seufzt erneut.

„Das ist eine ernste Angelegenheit. Auf der einen Seite ist da Uroma – demnächst die Leiche von Uroma – mit sehr ausgefallenen Wünschen." Er redet bedächtig. „Auf der anderen Seite sind da die Kirchenältesten. Sie könnten mich deshalb schwer verurteilen. Ich muss bis morgen darüber nachdenken. Ich muss ganz einfach eine Nacht darüber schlafen."

Und damit ist das Gespräch beendet.

Das Partyzelt

Uroma ist im Auto auf dem Rückweg vom Pfarramt froh und optimistisch. Mikael findet auch, dass das Gespräch gut gelaufen ist. Jetzt müssen sie nur noch auf die Entscheidung des Pastors warten.

„Das Partyzelt", sagt Mikael plötzlich. „Und die Plakate, die wir aufstellen wollen. Wir müssen alles für den Flohmarkt vorbereiten. Hast du eigentlich Pappe und Tusche oder Farbe?"

Uroma muss überlegen. „Pappkartons habe ich auf alle Fälle. Tusche hab ich nicht, aber irgendwo stehen bestimmt noch ein paar Farben rum. Die Kartons sind im Abstellraum im Keller", antwortet sie.

„Und was ist mit Brettern, an die ich die Plakate nageln kann?" Mikael sieht sie an. „Hast du so was auch im Keller stehen oder sollen wir Papa bitten, uns welche zurechtzusägen, was meinst du?"

Mikael kann gut mit Hammer und Nägeln umgehen. Das Sägen ist allerdings nicht ganz so einfach, wie er findet. Mit der Säge schneidet man schnell schief und er hat sich dabei schon zweimal in die Hand gesägt. Nicht so schlimm, dass es eine Blutlache gegeben und er ins Krankenhaus gemusst hätte, um genäht zu werden oder so, aber schlimm genug.

„Glaubst du denn nicht, dass es nur Trara, Protest und Gejammer gibt, wenn Papa kommt, Mikael?"

Uroma setzt den Blinker, biegt von der Hauptstraße ab und fährt zum Haus.

„Ich kann dir ja beim Sägen helfen. Wenn es nur darum geht, etwas quer durchzusägen, ohne Winkel, die zusammenpassen müssen, ist das ein Kinderspiel." Uroma guckt ihn an. „Und Nägel habe ich haufenweise. Drei und vier Zoll", schließt sie und stellt den Motor ab.

Mikael lacht. Mit Nägeln kennt Uroma sich auf alle Fälle gut aus!

Als sie zu Hause sind, macht Uroma Pfannkuchen. Pfannkuchen mit Blaubeermarmelade! Sie essen am Küchentisch, während Uroma eine Liste erstellt, was sie und Mikael vor ihrem Tod noch erledigen müssen. Er schlägt vor, dass sie für jeden einzelnen Tag einen eigenen Zettel schreiben. Den kann man dann einfach wegtun, wenn die Sache abgehakt ist.

„Mit Pfannkuchen bin ich jetzt auf jeden Fall durch. Das ist vermutlich das letzte Mal gewesen, dass ich welche genießen durfte", meint Uroma und streckt Mikael die Zunge raus, um zu zeigen, wie blau sie nach zwei Pfannkuchen mit Blaubeermarmelade ist.

„Deine Zunge musst du mir nicht erst zeigen, du bist sowieso schon ganz blau um den Mund."

Mikael grinst und sieht sie an, bevor er seine Zunge rausstreckt, um sie sich anzugucken. Genau da klingelt sein Handy, das er im Wohnzimmer liegen gelassen hat. Er läuft hinüber, um ranzugehen. Es sind seine Eltern, die hören wollen, wie es so läuft. Mikael schaltet auf Lautsprecher und setzt sich aufs Sofa. Er entschließt sich, das Gespräch mit dem Pastor unerwähnt zu lassen, und erzählt stattdessen von dem Flohmarkt, den sie veranstalten wollen, vom Partyzelt und den Plakaten. Und dass sie ja vorbeikommen könnten, wenn der Nachlassverkauf losgeht. Mama sagt wie immer, dass sie ihn vermisst, und Papa ist mittlerweile anscheinend kaum noch durch irgendetwas zu überraschen.

„Gebt einfach Bescheid, falls ihr Hilfe braucht", sagt er. Er beendet das Telefongespräch mit den Worten: „Und denk an deine Hausaufgaben!"

Als Mikael wieder in die Küche kommt, hört er, dass Uroma wegen irgendeiner Anzeige telefoniert. Mikael räumt die Teller weg, sodass Uroma ihre Nähmaschine auf den Tisch stellen kann. Dann sucht er ein paar Zeitungen zusammen und legt sie auf dem Fußboden aus, um seine Plakate darauf zu bemalen.

Anschließend geht er in den Abstellraum, um Farbe und Pinsel zu beschaffen und nach ein paar Brettern zu suchen.

Uroma hat viele Kleider, aus denen sich ein Zelt nähen lässt. Sehr viele – typische – Uroma-Kleider. Kleider in allen erdenklichen Farben, alle mit demselben Schnitt.

„Prima, dass aus den Kleidern ein Zelt wird, Mikael. Wenn du dich traust, es ab und zu zu benutzen, kannst du das Zelt gerne erben. Es wird auf der ganzen Welt nichts Vergleichbares geben", sagt sie und schafft Herbst-, Winter-, Frühlings- und Sommerkleider herbei.

Mikael hat die Zeitungen ans entgegengesetzte Ende der Küche gebracht, um dort zu malen. Im Keller hat er Dosen mit alter Farbe gefunden. Jetzt rührt er mit einem Stab einen Farbtopf um.

„Was meinst du, was ich auf die Plakate schreiben soll?", wendet er sich an Uroma, die am Küchentisch sitzt und das Zelt aufzeichnet, das sie nähen will.

„Wie du selbst gesagt hast, ist das natürlich ein Nachlassverkauf, Mikael. Aber das nimmt sich auf den Plakaten vielleicht etwas trist aus. Zu langweilig? Entscheide du", antwortet sie.

Mikael überlegt ein Weilchen. Er hat vier große Pappschilder und drei kleine. Dann legt er das erste Schild auf den Fußboden und macht sich mit dem Pinsel ans Werk, während Uromas Nähmaschine zu rattern anfängt.

Ruhetag

Gestern war es spät geworden. Nachdem sie lange mit den Plakaten, dem Zelt und den Zetteln zu tun gehabt hatten, hatte Uroma plötzlich Lust bekommen, noch Monopoly spielen, obwohl Mikael müde war und am liebsten schlafen wollte.

„Komm, Mikael, nur noch ein bisschen", hatte sie gebettelt. „Du kannst morgen so lange schlafen, wie du willst. Ganz bestimmt. Morgen steht nichts Besonderes an, da legen wir einen Ruhetag ein. Na, komm schon!"

So etwas hätte es bei Mama und Papa nicht gegeben. Aber jetzt liegt das Zelt zusammengefaltet auf dem Fußboden des Wohnzimmers und die Plakate stehen zum Trocknen im Keller. Und Uroma hat gerade mehrere große Zettel an einer Schnur befestigt. Sie hängen über dem Türrahmen zwischen dem Wohnzimmer und der Küche.

Auf dem ersten Zettel für heute steht: *Ruhetag. Ums Haus und um das Totenhemd kümmern*, steht auf dem nächsten. Gefolgt von einem Zettel mit der Aufschrift: *Eintreffen des Sarges*. Auf dem darauffolgenden steht: *Ausflug!* Sonst nichts. Ausflug! Als Mikael sie gestern gefragt hatte, was das denn für ein Ausflug sei, hatte Uroma nichts verraten wollen. Ob es sich vielleicht um dieses Geheimnis handelte, von dem sie beim Arzt gesprochen hatte?

Auf den nächsten Zetteln stehen viele Dinge, an die es zu denken gilt:

Friseur, Totenhemd nähen, Flohmarkt, Abschiedsrede schreiben, Leute einladen, Brötchen backen, Sterben üben!

Auf dem allerletzten Zettel kann man Folgendes lesen: *Todeszeitpunkt um 17 Uhr – nicht vergessen!*

Mikael legt gerade im Ofen Holz nach und Uroma sitzt noch im Morgenrock am Frühstückstisch, als an dem Ruhetagsmorgen das Telefon klingelt. Mikael läuft voraus und Uroma hinterher.

„Ich komm ja schon, ich komm ja schon", schnauft Uroma. Aber Mikael ist Erster und hebt den Hörer ab.

„Moin. Darf ich bitte mit Uroma sprechen? Hier ist Ingrid, die Organistin."

Mikael reicht den Hörer an Uroma weiter. Sie streicht sich die Haare zurück, um etwas ordentlicher auszusehen, so als ob die Anruferin sie sehen könnte. Uroma macht es sich auf dem Sofa bequem und stellt den Telefonlautsprecher an, sodass Mikael mithören kann.

„Hallo, Ingrid. Danke für die nette Besprechung gestern! Ich hoffe, der Pastor hat nach unserem Gespräch gut geschlafen und keine Albträume gehabt?" Uroma lacht leise in sich hinein.

„Knut hat die ganze Nacht geschlafen und geschnarcht. Das mit der Beerdigung kriegen wir schon hin", gibt Ingrid Auskunft.

„Phänomenal", erwidert Uroma.

Mikael sieht Uromas Erleichterung. Sie fährt mit eifriger Stimme fort: „Ich habe vielleicht zu erwähnen vergessen, dass das Fest schon ein paar Stunden vor meinem Tod beginnen soll. Ich möchte schließlich auch noch ein bisschen was davon haben. Vielleicht hast du ja auch Lust, zu kommen?", fragt sie, nachdem sie sich darauf verständigt hatten, alle Förmlichkeiten beiseitezulassen.

„Ja, das wird bestimmt klasse", antwortet Ingrid und lacht auf. „Aber ich habe eigentlich nur angerufen, um zu fragen, ob ich vielleicht kurz auf eine Tasse Kaffee vorbeischauen darf? Ich bin gerade mit dem Moped auf dem Weg in die Stadt. Um zwei Uhr muss ich bei einer Beerdigung spielen, ich würde also nur kurz reinkommen."

Sie darf, und so erklärt Uroma Ingrid den Weg. Mikael setzt sich vor den Computer, um das Anziehen noch etwas hinauszuzögern, während Uroma Kaffee aufsetzt und Brote schmiert.

Gerade als sie fertig ist, klopft es laut an der weißen, alten Tür. Mikael geht öffnen.

Draußen steht eine hochgewachsene Person mit einem seltsamen schwarzen Mopedhelm auf dem Kopf. Nase und Augen sind wie bei einer Maske nur durch Löcher zu erkennen, vor dem Mund befindet sich ein Mundstück. Dicke Lederhandschuhe, ein grüner Anorak, winddichte Hosen und robuste schwarze Stiefeletten mit Schnürung vorn vervollständigen den Aufzug.

Das muss die Organistin sein. Vor der Treppe sieht er ein Moped stehen.

„Moin, moin, Mikael, und danke für deine Hilfe gestern", sagt sie.

Ihre Worte klingen, als kämen sie aus einem Tunnel.

Ingrid zieht ihre Handschuhe aus, schnürt ihre Schuhe auf und versucht, den Helm abzunehmen. Doch der Helm rührt sich nicht vom Fleck. Noch einmal zerrt Ingrid am Helm. Mikael sieht, dass er völlig festgekeilt ist.

Sein Blick fällt auf ein rotes, zusammengequetschtes Gesicht. Ein paar graue Haarsträhnen kleben an der Stirn und zwei Augen strahlen ihn an, auch wenn sie ein bisschen schief und zusammengedrückt sind.

Uroma kommt in den Flur und kann nicht anders, als in Lachen auszubrechen, als sie Ingrid sieht.

„Guten Tag, Ingrid. Denn das bist doch sicher du unter dem Helm?"

„Ich bin's! Du musst mir helfen. Das Ding sitzt so fest, als ob es an meinem Kopf festgenäht wäre." Ingrid zieht und zerrt, aber es nützt alles nichts. Uroma reckt sich, so hoch es geht, und versucht, ihn abzubekommen – aber nein. Der Helm bewegt sich keinen Millimeter.

„Glaubst du, dass ein Kopf auf der kurzen Wegstrecke von uns hierher um ein oder zwei Nummern wachsen kann? Wenn das so ist, ist das nicht nur unpraktisch, sondern auch blöd."

Uroma bittet Ingrid in die Küche. Ingrid setzt sich an den Tisch.

„Beug dich bitte vor!", kommandiert Uroma, die auf die gegenüberliegende Tischseite gegangen ist. Dann gibt sie Mikael ein Zeichen, dass er sich hinter sie stellen soll, um ihr zu helfen.

Ingrid beugt sich so weit runter, wie sie kann. Ihr Kopf, auf dem der Helm sitzt, ist Uroma zugewandt. Uroma stellt einen Fuß auf die Küchenbank, was mit so kurzen Beinen wie ihren schon schwierig genug ist. Sie versucht, mit dem Bein, auf dem sie steht, das Gleichgewicht wiederzufinden. Es klappt. Sie packt den Helm hinter Ingrids Ohren mit festem Griff und zieht, was das Zeug hält. Mikael hält derweil mit beiden Händen Uromas Schultern fest und übt einen Zug nach hinten aus.

„Pass auf! Ich verliere den Kopf! Stopp, stopp! Aufhören!", schreit Ingrid auf.

Schnell steht sie auf – ihr Gesicht ist knallrot.

„Keine Lösung in Sicht, eine Befreiung gibt es nicht", sagt Uroma und schüttelt den Kopf. „Keine Lösung in Sicht, eine Befreiung gibt es nicht", wiederholt sie zufrieden. „Na, wenn das nicht wieder ein Reim war!", sagt sie zufrieden. Dann holt sie die Kaffeekanne und füllt die Tassen.

Mikael holt sich Milch, wirft einen Blick auf Ingrid und fragt sich, wie um alles in der Welt sie diesen Helm jemals wieder abkriegen sollen. Und wie soll Ingrid durch dieses schmale Mundstück essen und Kaffee trinken? Uroma scheint über dieselbe Sache nachzugrübeln.

„Ich habe eine Idee, Ingrid. Ich habe eine Idee, wie du trotzdem Kaffee trinken und etwas essen kannst."

Aus der zweiten Schublade der Anrichte holt Uroma einen Plastikstrohhalm und eine Wurstzange. Mit der Zange greift sie nach einer Brotscheibe. Ingrid schüttelt den Kopf, als Uroma ihr eine mit Honig anbietet, nickt aber in rascher Folge, als sie ihr eine mit Kümmelkäse vor die Nase hält. Uroma kichert.

Mikael sitzt da und verfolgt das Schauspiel. Irgendwie seltsam, dass Uroma sterben will, wo sie doch so viel Spaß am Leben hat. Schließlich fallen ihr immer noch und immer wieder neue Verrücktheiten ein.

Er sieht zu, wie Uroma mit der Wurstzange nach der Brotscheibe greift und sie durch das Mundstück zu Ingrids Mund führt, die ihn dahinter wie ein Vogeljunges aufgesperrt hat.

„Na, das geht doch prima, Ingrid!" Uroma zieht die Zange mit dem Rest der Brotscheibe heraus und holt den Strohhalm, bemerkt aber schnell, dass er zu kurz ist.

„Ich muss mal schnell in den Keller. Warte einfach, bin gleich wieder da!", ruft Uroma dem Helm zu und geht durch die Tür.

„Alles klar da drinnen?", fragt Mikael. „Wo hast du den Helm eigentlich gekauft?"

So einen wie diesen hat er noch nie gesehen.

Ingrid erzählt, dass sie den Helm von ihrem alten Vater geerbt hat und es das Modell wohl nirgends mehr zu kaufen gibt – zum Glück!

„Es wird sich alles finden. Das ist immer ein guter Rat", sagt Uroma, die mit einem dünnen Gummischlauch zurückkommt, den sie sonst zum Weinkeltern verwendet. Uroma steckt den Schlauch in die Kaffeetasse. Erschrocken fixiert Ingrid den Schlauch, begreift aber schnell, dass sie dadurch den Kaffee einsaugen soll. Und es gelingt ihr tatsächlich – winzig kleine Schlucke trinkt sie, denn der Kaffee ist noch heiß.

Uroma serviert ihr mithilfe der Wurstzange die restliche Brotscheibe. Danach unterhalten sie sich ein bisschen über die Beerdigung.

„Knut wird wohl das meiste mitmachen, aber er findet es problematisch, *Uroma has left the building'* zu rufen. Allerdings hat er nichts dagegen, wenn ich das an seiner Stelle tue, also werde ich das übernehmen. So sicher wie das Amen in der Kirche", tönt es aus dem Helm.

„Wunderbar", erwidert Uroma erleichtert. „Vielen Dank."

„Wir lassen Blumen auf deinen Sarg hinabregnen, so wie Mikael es vorgeschlagen hat. Damit warst du doch einverstanden? Und ich habe mir überlegt, ob du vielleicht Luftballons am Auto befestigt haben möchtest, wenn der Sarg in die Kirche überführt wird? Das könnten wir regeln. Ich habe viele schöne Luftballons in allen möglichen Farben und Formen."

Ingrid macht Pausen beim Reden und jetzt guckt sie Mikael fragend an. Uroma tut es ihr nach. „Was meinst du, Mikael, wäre das in deinem Sinn?", fragt sie.

Eine super Idee, findet er. Bunte Blumen und Ballons sind schön, jedenfalls wenn es nicht zu lustig hergeht.

Uroma steht auf und umarmt Mikael, dann setzt sie sich wieder hin, um zu hören, ob Ingrid noch mehr zu sagen hat. Das hat sie.

„Falls du vorher noch Hilfe brauchst, komme ich gerne und packe mit an." Ingrid legt den Kopf samt Helm schief. In ihren Augen steht eine Frage.

„Vielleicht sollten wir das Angebot annehmen, Mikael. Es gibt ja noch dieses und jenes zu tun. Backen, zum Beispiel. Ich habe bisher nur ein paar Hefebrötchen gebacken und eingefroren. Müsste noch mehr backen, aber Brötchen habe ich eigentlich schon genug."

Uroma überlegt.

„Was ist mit Kuchen?", fragt Mikael.

„Hm, ja, das ist genau das, was ich brauche", erwidert Uroma sofort. „Ein paar fröhlich bunte und leckere Kuchen, die ihr essen könnt, nachdem ich gestorben bin. Was meinst du, Ingrid, kannst du mir dabei helfen?"

Ingrid und der Helm nicken begeistert.

„Ich werde dänische und norwegische Kuchen servieren", schlägt Ingrid vor. „Fröhlich bunte dänische Kopenhagener und einen fröhlich bunten norwegischen Kranzkuchen, den ich besonders bunt verzieren werde. Mit diesen Knallerbsen, du weißt schon."

„Knallbonbons", hilft Mikael.

„Ach ja, natürlich, die meine ich."

Ingrid erhebt sich, um aufzubrechen. Ihr ist bestimmt vom plötzlichen Aufstehen schwindelig, denn sie muss sich am Küchentisch festhalten. Mikael geht zu ihr, hakt sie unter und stützt sie auf dem Weg in den Flur.

„Falls du Zeit hast, kannst du ja vorbeikommen, wenn ich am Tag vor meinem Tod meinen Nachlassverkauf veranstalte", sagt Uroma. „Ich habe sicher so manches, das du gebrauchen kannst. Meinst du nicht?"

Uroma öffnet die Haustür und tätschelt ihrer neuen Freundin die Schulter.

„So ein Flohmarkt ist ein Riesenspaß. Ich komme gern. Habt einen schönen Tag, ihr zwei!", ruft Ingrid.

Sie streift wieder ihre dicken Motorradhandschuhe über, setzt sich aufs Moped und winkt.

„Das kann man wirklich einen Helm nennen", kommentiert Mikael.

„Hoffentlich kriegt sie ihn noch rechtzeitig vor der Beerdigung ab", fügt Uroma lachend hinzu.

Uroma geht zu ihren Zetteln und stellt erneut fest, dass sie heute nichts, aber auch gar nichts machen muss. *Ruhetag*, steht da immer noch, so wie es schon beim Aufstehen dastand.

„Ruhetag, Mikael? Was, bitte, sollen wir denn da machen? Das hört sich ja fürchterlich langweilig an – einen ganzen Tag nichts als ausruhen?"

Sie dreht sich zu Mikael um, der eine Milchpackung aus dem Kühlschrank holt und sich noch einmal nachschenkt.

„Ich habe die Zettel nicht gemacht, Uroma. Das hast du ganz allein so entschieden." Er trinkt einen Schluck und setzt sich an den Küchentisch. „Ich muss jetzt jedenfalls ein paar von meinen Hausaufgaben machen", sagt er und holt ein Schulbuch heraus.

„Vielleicht kann ich dir ja dabei helfen?", fragt Uroma. „Wie du weißt, habe ich heute einen Ruhetag. Einen ganzen lieben langen Tag zum Ausruhen." Uroma leistet Mikael am Küchentisch Gesellschaft, sie atmet tief aus. „Was hast du auf?", will sie wissen.

„Mathe", seufzt Mikael. „Damit werde ich bestimmt nie fertig. Ich hab auch keine Lust, mich vor morgen damit zu beschäftigen. Heute werde ich eine Pyramide zeichnen. Aber ich finde es schwierig, die Seiten der Pyramide richtig hinzubekommen. Bist du gut im Malen?"

Ihm fällt ein, dass er Uroma eigentlich noch nie hat malen sehen.

„Ich konnte so gut malen, dass mein Lehrer meine Bilder im Klassenzimmer aufgehängt hat." Uroma lächelt fein. „Aber abgesehen davon war ich wohl nicht gerade die Klassenbeste, Mikael. Doch das Leben hat mich gelehrt, dass der Kopf nicht immer das wichtigste Glied des Körpers ist", sagt Uroma und sieht aus dem Fenster.

„Meinst du, du könntest mir bei der Pyramide helfen?", fragt Mikael und sieht ebenfalls aus dem Fenster. Draußen schiebt sich eine Wolke vor die Sonne, die aber kurz darauf wieder zum Vorschein kommt.

„Aber ja – auf meine Art", antwortet Uroma und denkt nach.

„Meine Kleider", sagt sie dann wie aus der Pistole geschossen. „An diesem schönen Ruhetag können wir doch eine Pyramide aus meinem Kleiderzelt bauen. Vielleicht fällt es dir ja leichter, die Pyramide zu zeichnen, wenn du weißt, wie eine Pyramide wirklich aussieht?"

„Clever. Auf diese Weise wird zugleich das Partyzelt fertig." Mikael wird von Uromas Begeisterung angesteckt. Am liebsten würde er sofort rausgehen und anfangen.

Die Sonne hat nun endgültig die Oberhand gewonnen und scheint auf den Hof, als sie vor die Tür treten. Jetzt heißt es, den besten Platz für das Zelt zu finden. Uromas Hof hat immer schon Platz für viele Leute geboten. Hier hatten sie bei Familienfeiern auch immer die Zelte aufgeschlagen, wenn Uroma nicht mehr genug Leute unterbringen konnte. Und einen langen Tisch mit Essen und Trinken aufgestellt, wenn die Sonne hoch am Himmel stand, die dann in Sommernächten bis spät am Abend mit ihnen um die Wette tanzte. Auf Uromas Hof hatte er zum ersten Mal ohne Erwachsene in einem Zelt übernachtet. Nur er und sein Freund. Mikael geht zur Fahnenstange.

„Wäre das nicht ein toller Platz für das Zelt, Uroma?"

Mikael sieht sich nach ihr um und entdeckt, dass Uroma sich etwas anderes hat einfallen lassen. Sie hat sich einfach in ihre

Hängematte gelegt. Bestimmt war sie doch ein bisschen müde und erschöpft nach all dem, was sie in den letzten Tagen so gemacht hatten. Auch wenn sie es selbst gar nicht bemerkt hat.

Er geht zu ihr hin und gibt der Hängematte Schwung, sodass Uroma leicht hin und her geschaukelt wird. Wie klein Uroma aussieht und wie groß die Hängematte! Mikael summt ein Lied für sie, so wie Uroma das immer für ihn getan hat. Die Hängematte wiegt sie sanft hin und her und der Stoff hält sie geborgen umfangen. Langsam schwingt Uroma hin und her, hin und her. Uromas Wimpern flattern und bewegen sich wie Schmetterlingsflügel auf und ab, auf und ab. Dann klingt die Bewegung aus – sie ist eingeschlafen.

Mikael lässt sie ausruhen. Schließlich ist heute trotz allem ein Ruhetag. Er schleicht sich unbemerkt davon, um nach einer Leiter zu suchen, die sie benutzen können, um später das Zelt aufzurichten. Mikael geht zum Vogelhäuschen und passiert das Küchenfenster. Sein Blick fällt auf den Blumentopf, der noch draußen an der Hausecke steht – es ist Uromas Lieblingstopf, die Blumen darin sind verblüht. Der große braune Topf weist einen Sprung auf. Diesen Sprung hat er schon, so lange Mikael denken kann. Papa hatte Uroma letzten Sommer vorgeschlagen, dass sie ihr dabei behilflich sein könnten, den Topf zu entsorgen. Aber da hatte Uroma eine lange Rede über ihren Blumentopf gehalten und wofür er alles gut war – trotz Sprung. Sie hatte ihnen gezeigt, dass an der Stelle, an dem Wasser aus dem Topf leckte, besonders viele Sommerblumen wuchsen. Uroma hat Mikael vieles beigebracht, was er niemals vergessen wird.

„Es ist nicht schlimm, wenn du hinfällst. Wichtig ist nur, wie du nach dem Fallen wieder aufstehst", hatte sie zu ihm gesagt, als er vor zwei Jahren beim Stehlen erwischt worden war.

Was war das damals für eine Aufregung gewesen! Als der Ladeninhaber Papa anrief und ihm mitteilte, dass Mikael auf frischer Tat beim Klauen ertappt worden war, hatte Papa erst einmal stundenlang auf dem Sofa gelegen. Er hatte ernsthaft überlegt, ob sie sich Rat bei der Erziehungsberatung holen sollten. Er hat sich erst etwas beruhigt, als Mama ihn fragte, ob er nicht selbst auch schon mal etwas gestohlen habe. Das hatte er natürlich – er war nur nie dabei erwischt worden.

Papa hat ihn dann in das Geschäft begleitet, in dem Mikael und sein Freund etwas geklaut hatten. Mikael musste den Besitzer laut und deutlich um Entschuldigung bitten. Das war so peinlich gewesen, dass Mikael seitdem nie mehr etwas geklaut hat!

„Wenn du Lust zum Stehlen hast, ist das völlig in Ordnung. Du darfst der Lust nur nicht nachgeben", hatte Uroma ihm damals am Telefon gesagt.

Typisch Uroma! Sie hatte oft einen ganz anderen Blickwinkel auf die Dinge.

Mikael sieht die Leiter an der Längsseite des Hauses liegen. Sie ist gerade noch so kurz, dass Mikael sie alleine anheben und zurück auf den Hof tragen kann.

Inzwischen ist auch Uroma wieder aus der Hängematte gestiegen und streckt sich zur Sonne. „So ein Ruhetag hat doch etwas für sich. Ich bin tatsächlich für einen Moment eingenickt." Uroma gähnt, streckt sich erneut und kommt Mikael entgegen, um ihm zu helfen. Gemeinsam lehnen sie die Leiter gegen die Fahnenstange.

Uroma findet, dass die Stelle, die er fürs Zelt ausgesucht hat, sich prima eignet. Im Zentrum soll die Fahnenstange stehen und das Zelt zu allen Seiten herunterhängen. Mikael stellt im Laufe der nächsten halben Stunde fest, dass es gar nicht so leicht ist, eine Pyramide zu bauen.

Zuerst müssen sie das Partyzelt hinaustragen, das aus vielen schweren Kleidern besteht. Mikael erklimmt die Leiter. Er will herausfinden, wie hoch sie das Zelt an der Fahnenstange befestigen müssen. Dann muss er wieder hinuntersteigen, um Hammer und Nägel zu holen. Und dann wieder die Leiter hinauf, diesmal mit Werkzeug. Er merkt, wie schwierig es ist, hochzuklettern, ohne sich dabei mit beiden Händen festhalten zu können. Aber Uroma hält die Leiter, während er klettert.

Er ist froh, dass Papa nicht da ist. Dann hätte es viel zu viel unnötiges Trara gegeben.

„Och, ich mag es eigentlich ganz gern, wenn die Dinge ein bisschen schräg sind", meint Uroma, als sie endlich fertig sind und die Zeltpyramide betreten. Mikael ist sich nicht sicher, ob er dadurch so viel über das Zeichnen von Pyramiden gelernt hat – so schräg, wie das ganze Zelt steht. Aber man kommt sich vor wie in einem anderen Land, findet er. Echt toll, wie durch die bunten Kleider in Türkis, Grün, Orange, Rot und anderen bunten Stoffen die Sonne scheint.

„Irgendwie bildet das ja mein ganzes Leben ab." Uroma dreht sich im Kreis und guckt an die Zeltdecke. „Siehst du den geblümten gelben Stoff da oben, Mikael?" Sie zeigt zur Pyramidenspitze.

Mikael guckt und nickt. Das Kleid inmitten der anderen auszumachen war nicht weiter schwer. Das könnte sogar einen finsteren Tunnel erhellen, denkt er.

„Das ist mein Tangokleid." Uroma macht ein paar Tanzschritte und summt eine Melodie. „Taram, taram, taramtamtam."

Am späteren Nachmittag sitzen Mikael und Uroma am Küchentisch. Mikael zeichnet eine Pyramide. Doch, ein bisschen hilft es tatsächlich, dass er vorher eine gebaut hat. Selbst wenn sie schräge Wände hat. Er versteht jetzt besser, wie die Seiten aussehen sollen.

Uroma macht auch Hausaufgaben. Sie schreibt beziehungsweise möchte eine Abschiedsrede schreiben, die sie halten will, bevor sie sich zum Sterben in den Sarg legt.

„Wie soll ich die bloß schreiben, wo ich doch nicht reimen kann?", fragt sie Mikael und kaut auf ihrem Bleistift herum.

„Muss es denn unbedingt gereimt sein? Fang doch einfach an, dann kommt schon eines zum anderen. Wenn du damit fertig werden willst, musst du auf jeden Fall erst mal anfangen", antwortet er und blickt auf. Das sagt Papa auch immer zu ihm und da ist ja auch etwas Wahres dran. „Fang doch an mit *Ihr Lieben*! Und dann schreibst du ein paar Stichworte auf – was du ungefähr sagen willst. Okay?"

Mikael klingt entschieden, stellt Uroma fest. Sie tut, was er sagt.

„Leben und Tod", murmelt sie, während sie die Worte in die erste Zeile schreibt. „Das sind zwei schöne und wichtige Stichwörter." Sie steht auf und läuft durch die Küche. „Leben und Tod", sagt sie ein paarmal hintereinander mit lauter Stimme. *„Bin gewandert durchs Leben über 92 Jahr'!"*, ruft sie aus. *„Mit kleinen Füßen und starken Schenkeln fürwahr.*

Mein Haar ist schütter und die Zähne fallen aus.

Das Leben schwindet, bald ist es aus", dichtet Uroma im Eiltempo.

Sie flitzt zurück zum Stuhl und schreibt die Wörter so schnell sie kann auf. Mikael hört ihr zu, sagt aber nicht, dass „aus" und „aus" sich nicht wirklich reimen. Er lächelt nur vor sich hin und malt die dritte Pyramide an, die er auf das Papier gezeichnet hat. Uroma hat noch nie reimen können – aber mit der Rede hat sie immerhin angefangen.

Der Ruhetag ist schnell verstrichen. Nachmittags müssen sie die Plakate für den Flohmarkt aufstellen. Uroma fährt und Mikael stellt die Plakate auf, auf denen „BUNTER FLOHMARKT VOR UROMAS ABLEBEN" steht. Eines bei Roars Begräbnisinstitut, eines beim Kiosk, wo immer jede Menge Leute vorbeikommen, und eines ein kleines Stück die Straße hinunter, sodass alle sehen können, zu welchem Haus sie fahren müssen. „DA IST ES!", steht darauf und daneben weist ein Pfeil zum Haus.

Abends, nachdem sie alle Plakate aufgestellt haben, macht Uroma Popcorn. Sie lassen sich auf dem Sofa nieder und schalten den Fernseher ein.

Mikael hat Uroma schon häufig weinen sehen. Uroma weint allerdings nie vor Schmerz oder aus Wut. Sie weint, wenn sie im Fernsehen Tiere sieht, denen es schlecht ging und denen geholfen wurde. Obwohl – weinen kann man es nicht gerade nennen. Schluchzen ist vielmehr das richtige Wort dafür, findet Mikael. So wie jetzt. Sie gucken sich eine Sendung an, in der es um kleine Affen, oder Orang-Utans, geht, die ihre Mutter verloren haben und jetzt in den Bäumen umhertollen, Purzelbäume schlagen und sich von Ast zu Ast schwingen.

„Oh neiiin!", schluchzt Uroma. „Guck sie dir an! Sind die süüüß! Welch ein Glück, dass man ihnen geholfen hat!"

Mikael legt einen Arm um sie und streichelt ihr sanft über die Schulter.

„Ja, genau. Es ist alles gut gegangen, Uroma, man hat ihnen geholfen", tröstet er sie.

Uroma aber heult bis zum Ende der Sendung. Mikael läuft in die Küche und holt die Küchenrolle. Uroma schnäuzt sich ein paarmal, wischt sich die Tränen ab, nur um gleich darauf von Neuem loszuschluchzen.

„Warum heulst du denn, es geht ihnen doch gut?", fragt Mikael zum wiederholten Mal. Sie dreht sich zu ihm um und schüttelt leicht den Kopf.

„Es ist so einfach, zu helfen, Mikael. So einfach!", schnüffelt sie erneut. „Wie viel Hoffnung es doch gibt – und wie wenige das sehen."

Uroma schnäuzt sich kräftig, erhebt sich vom Sofa und geht in die Küche, um das Papier wegzuschmeißen. Mikael folgt ihr. Uroma trinkt ein Glas Wasser, leert es und füllt es erneut.

„Du machst dir doch keine Sorgen, wenn ich so haltlos drauflosschluchze, oder, Mikael?" Uroma dreht sich zu ihm um.

Ihre Augen sehen geschwollen und leicht gerötet aus.

„Ich habe dich noch nicht so oft weinen sehen, aber ich bin das schon von Mama gewöhnt", antwortet er.

Mikaels Gedanken wandern zu seiner Mutter, die meistens bei Hochzeiten weint. Dann kullern ihr vor Rührung und Freude die Tränen übers Gesicht, gesellen sich zu dem Rotz, der ihr aus der Nase tropft, und vermischen sich mit ihrem Schluckauf.

„Tränen muss man weinen, soll danach wieder die Sonne scheinen", reimt Uroma munter. Sie reißt den Zettel ab, auf dem *Ruhetag* steht. Sechs Zettel sind noch übrig.

Glückstage

Uromas Haus soll also vermietet werden. Das hat Uromas Tochter entschieden und Uroma hat entschieden, dass Leute mit Kindern einziehen sollen. „Dieses Haus braucht neues Leben und Kinder", hat sie wiederholt gesagt.

Heute steht die Anzeige, die sie deshalb aufgegeben hat, in der Zeitung und das Telefon hat diesen Vormittag schon mehrfach geklingelt. Zwischen den Telefonaten hat Uroma Dinge für den Flohmarkt aussortiert und Socken gestopft. Von den bisherigen Anrufern hatte keiner Kinder. Deshalb hat Uroma auch freundlich abgelehnt, das Haus an sie zu vermieten.

Mikael konzentriert sich auf seine Hausaufgaben. Er kennt nichts Schlimmeres als Multiplikationsaufgaben mit Komma. Inzwischen hat er eine regelrechte Mathephobie. Letztes Jahr musste er sogar beim Arzt seinen Kopf untersuchen lassen – ob damit alles in Ordnung war. Das war es. Normal, hatte der gesagt. Ein völlig normaler Kopf – eben nur einer mit Matheproblemen.

Mikael geht ans Telefon. Ein Mann meldet sich, ein Offizier Soundso. Mikael fragt ihn, ob er das Haus mieten möchte. Das möchte er nicht, aber er möchte trotzdem gerne mit Uroma sprechen. Er sagt, dass es eilt!

Ein Offizier wurde hier im Haus noch nie zuvor erwähnt. Was er wohl von Uroma will? Und warum ist sie so vergnügt, als sie mit ihm spricht? So, als ob Uroma irgendeinen Preis gewonnen hätte!

„Großartig, toll und prima, dass Sie uns abholen. Sollen wir etwas mitbringen? Oder etwas Besonderes anziehen? Haben Sie alles, was wir brauchen, falls etwas schiefgehen sollte?", fragt sie zuletzt, bevor sie den Telefonhörer auflegt.

Uroma will nicht sagen, was es mit dem Anruf auf sich hat. Weil Mikael aber ein bisschen mitgehört hat, hat sie zumindest verraten, dass sie beide in ein paar Tagen etwas unglaublich Spannendes vorhaben.

Obwohl Mikael gut in solchen Dingen ist, ist es ganz unmöglich, mehr aus ihr herauszubekommen. „Lass gut sein, Mikael. Vor dem 14. September erfährst du es, sofern ich nicht vorher sterbe", ist alles, was sie sagt.

Beim Mittagessen klingelt das Telefon erneut. Uroma nimmt sofort ab.

„Guten Tag. Ja, das ist richtig, ich möchte mein Haus vermieten. Haben Sie Kinder?", fragt sie und hält zwei Finger überkreuzt – die Finger der Hand, mit der sie nicht den Hörer hält. Dann ruft sie aus: „Freut mich, freut mich wirklich! Das war mein Wunsch und ist meine einzige Bedingung."

Mikael sieht, dass Uroma jetzt so richtig guter Dinge ist. Sie erzählt, dass die Anruferin ein Kind hat und dass die beiden in allernächster Zeit vorbeikommen werden, um sich das Haus anzusehen.

„Das ist mein Glückstag, Mikael." Uroma lächelt und fährt fort, ihre Kohlroulade zu essen. „Wie reich an Glückstagen mein Leben doch war!", ergänzt sie.

Mikael guckt Uroma an. Sie ist der einzige Erwachsene, den er kennt, der jemals so etwas gesagt hat. Glückstage. Schöne Tage, die mit Lachen und Gelächter gefüllt sind, aber auch traurige Tage mit Kummer und Tränen können für Uroma in gewisser Hinsicht Glückstage sein. Selbst ein Tag, an dem es Kohlrouladen gibt, macht für Uroma aus einem stinknormalen Tag einen Glückstag. Jedes Frühjahr, wenn Uroma Blumen sät und ihr Hintern so gut wie das Einzige ist, das aus dem Beet guckt, schäumt sie über vor Glück. Sobald die ersten Sonnenstrahlen sie geweckt haben, läuft sie hinaus und sieht nach, ob im Garten alles seine Ordnung hat. Ob Regen oder Sonne, raues, feuchtes, mildes, kaltes Wetter – sie heißt alles willkommen. Mikaels Lieblingswetter ist dagegen Sonnenschein, und wenn er in Shorts umherlaufen kann.

Ob es auch etwas mit dem Anruf des Offiziers zu tun haben könnte, dass heute ein Glückstag ist?, fragt sich Mikael. Hier ging es doch bestimmt um das Geheimnis, über das sie mit der Ärztin gesprochen hatte? Als Uroma sie gefragt hatte, ob ihre Augen herauskullern könnten?

Was sie anziehen sollten, hatte sie ihn gefragt. Und ob sie etwas mitbringen sollten, falls etwas passierte. Das hatte sie am Telefon gesagt. Dass ein Ausflugstag ein Glückstag ist, begreift er, nur – um was geht es genau?

Uroma steht am Ofen und hat gerade ein Blech mit Hefebrötchen herausgeholt, als Mikael ein Auto auf den Hof fahren hört.

„Das ist bestimmt die Frau mit dem Kind, die sich das Haus anschauen will. Kannst du bitte aufmachen, Mikael?"

Mikael legt seinen Bleistift und das Buch mit den Rechenaufgaben, mit denen er sich immer noch abmüht, zur Seite. Er geht zur Tür und öffnet. Vor ihm steht eine blonde Frau mit einer schwarzen Jacke und einer schwarzen Tasche, die über ihrer Schulter hängt. Sie lächelt ihn an. Hinter ihr befindet sich jemand in einer roten Jacke. Er nickt der Frau zu.

„Kommen Sie herein", sagt er schnell. Er öffnet die Tür noch ein Stück weiter und stellt sich dahinter, bis die Gäste ganz im Flur stehen. Mikael schließt die Tür und dreht sich um. Er streckt die Hand aus, um sie zu begrüßen – und blickt geradewegs in die Augen des Mädchens in Rot. Das Mädchen aus dem Café! Sie lächelt ihm zu. Lächelt dasselbe süße Lächeln, das sie ihm im Café zugeworfen hatte, als er seinen Anfall von Verliebtheit hatte.

Mikael bricht der Schweiß aus. Was, wenn die Verliebtheit zurückkommt? Ihm wieder in den Mund und in die Knie fährt? Oder geradewegs in den Bauch?

„Äh, hallo, bist du das? Hast du, äh, hast du deinen Slush inzwischen ausgetrunken?", quetscht er hervor.

Mikael kommt immer mehr ins Schwitzen. Was redet er denn da für einen Mist! Ihre Begegnung ist schließlich schon ein paar Tage her, natürlich hat sie den Slush da inzwischen ausgetrunken! Er haut sich mit der flachen Hand gegen die Stirn.

Die Mutter des Mädchens lächelt und fragt, ob sie sich von irgendwoher kennen. Das Mädchen in Rot lacht hell auf und erklärt ihr, dass sie sich vor ein paar Tagen im Café gesehen haben. Just in dem Moment kommt Uroma und Mikael sieht ihr an, dass sie das Mädchen ebenfalls wiedererkannt hat.

„Ich heiße Lisbet", stellt sich die Mutter vor und ergreift Mikaels Hand. Er sagt seinen Namen und kann hören, dass seine Stimme vollkommen normal klingt, keinerlei Ausfallerscheinungen! Uroma begrüßt Lisbet, während sich Mikael wieder zu dem Mädchen umdreht und nicht weiß, was er tun oder sagen soll. Aber sie weiß das offensichtlich.

„Hallo, Mikael! Ich heiße Signe. Toll, dass du hier wohnst! Ist das dein Zelt da draußen?"

Uroma guckt Mikael an und zwinkert ihm zu. Sie beeilt sich zu erläutern, was es mit Mikaels Besuch bei ihr und dem Zelt auf sich hat und dass das Zelt Mikael gehört, wenn er es haben will. Uroma führt die Gäste in die Küche. Sie hat Kaffee, Saft und frisch gebackene Brötchen aufgetischt. Schnell nimmt Mikael Platz. Signe setzt sich direkt neben ihn. Lisbet erzählt Uroma, dass sie das Haus gerne für einige Zeit mieten würden, später würden sie gerne weiter ins Zentrum ziehen. Derzeit wohnten sie in einer Etagenwohnung in nächster Nähe, wo sie sich überhaupt nicht wohlfühlten.

Uroma fordert sie auf, sich zu bedienen, und Mikael nimmt sich schnell ein Brötchen. Wenn er die ganze Zeit den Mund voll hat, kommt er vielleicht ums Reden herum.

„Es passt perfekt, dass Sie das Haus nur vorübergehend mieten wollen." Uroma strahlt und fragt, ob sie es ihnen zeigen soll. Lisbet möchte es sich gerne gleich ansehen, und so bleiben Mikael und Signe allein in der Küche zurück.

„Machst du Hausaufgaben?", fragt sie und zeigt auf seine Mathesachen. Mikael nickt, zieht das Buch heran und erklärt, dass Multiplikationsaufgaben mit Kommas nicht so sein Fall seien.

„Ich kann am besten malen – jedenfalls, wenn es keine Pyramiden sind", sagt Mikael und fragt Signe, welches Schulfach sie am liebsten mag.

„Mathe! Multiplikationsaufgaben mit Komma." Sie kichert.

Mikael stimmt in ihr Kichern ein. Bislang deutet nichts darauf hin, dass ihn wieder diese Verliebtheit befallen könnte. Das macht ihn so froh, dass er gleich noch ein bisschen lauter lacht.

Signe bietet ihm an, sich die Aufgaben mal anzugucken. Mikael ist einverstanden. Er sagt, dass sie sich noch ein Brötchen nehmen soll, und schenkt ihr Saft ein.

„Das ist zwar nicht ganz so lecker wie Slush, aber beinahe", meint Mikael und schlägt sein Mathebuch auf.

Noch nie hat Mathe so einen Spaß gemacht, noch nie fand er Multiplizieren so interessant! Und noch nie waren die Kommastellen so ein Kinderspiel! Signe kann viel besser erklären als sein Lehrer. Plötzlich versteht Mikael erst dies, dann das – jetzt, wo Signe so dicht neben ihm sitzt.

„Wo liegt das Haus eigentlich genau, in dem du jetzt wohnst?", will Mikael wissen, als drei von fünf Matheaufgaben gelöst sind.

„Wir haben eine Wohnung in einem Haus auf der anderen Seite des Waldsees gemietet", sagt sie rasch.

„Richtung Kirche?", hakt Mikael nach und Signe nickt. Mikael erzählt, dass sie gerade erst daran vorbeigefahren sind, als sie beim Pastor waren.

„Meine Uroma ist schon lange tot. Sie ist ganz allein gestorben, ohne dass jemand davon gewusst hat", meint Signe.

„Eigentlich ist es doch ganz normal, so wie deine Uroma zu sterben", erwidert er. „Meine ist einfach besonders stur und will alles selbst bestimmen."

Mikael erzählt Signe ein wenig über die Feier, das Partyzelt und den Flohmarkt, den sie geplant haben.

„Das hört sich ja gut an! Vielleicht können Mama und ich auch zum Flohmarkt kommen – falls jeder willkommen ist."

Mikael merkt, wie froh er sich plötzlich fühlt. So froh, dass er für den Bruchteil einer Sekunde fürchtet, wieder einen neuen Anfall von Verliebtheit zu haben. Zum Glück kommen in dem Moment Uroma und Signes Mutter zurück in die Küche. Uroma fordert sie auf, am Tisch Platz zu nehmen und von den Hefebrötchen zu nehmen, wenn sie mag. Aber sie scheint nicht hungrig zu sein, denn sie lehnt höflich ab und sagt, dass sie jetzt wieder nach Hause führen, weil Signe noch ihre Hausaufgaben machen muss.

„Vielen Dank, dass wir gleich vorbeikommen konnten. Und diese Sache, über die wir gesprochen haben – das Füttern der Vögel –, das übernehmen wir gerne, oder, Signe?" Signes Mutter guckt ihre Tochter an, die nickt.

„Ihr müsst unbedingt wieder vorbeischauen." Uroma ist inzwischen zum Du übergegangen. „In den kommenden Tagen ist hier viel los", sagt sie, sieht Mikael an und lächelt.

„Ich habe schon von deinem Flohmarkt erzählt, Uroma, und Signe hätte Lust, mal vorbeizukommen."

„Prima!", meint Uroma.

„Dann sehen wir uns ja schon bald wieder", sagt Signe zu Mikael.

„Perfekt", antwortet Mikael schnell. „Und danke auch für die Mathehilfe", sagt er mit einem Grinsen und begleitet sie auf den Hof.

„Sie ist süß, Mikael. Wirklich ein süßes Mädchen." Uroma tätschelt seine Schulter, als sie wieder ins Haus gehen. „Ich kann gut verstehen, weshalb du dich in sie verliebt hast." Uroma lächelt ihn an.

„Nimm bloß dieses Wort nicht mehr in den Mund. Ich kapier nicht, was an Verliebtheit so toll sein soll." Verlegen schüttelt er den Kopf.

„Es ist nur gut, dass das Leben die ganze Gefühlspalette beinhaltet", erwidert Uroma. Dann sagt sie Mikael, dass sie heute kein Mittagessen kochen will.

„Könnten wir nicht Pizza bestellen? Das haben wir noch nie zusammen gemacht", sagt er. Er merkt, dass er richtig Appetit auf Pizza hat.

„Na klar. Den Pizzaservice habe ich noch nie angerufen, dann kann ich das auch noch mal ausprobieren", antwortet Uroma.

Eine halbe Stunde später klingelt es an der Tür – die Pizza ist da! Pizza-Essen und Leichenhemd-Nähen ergänzen sich prima, findet Uroma. Sie hat den orangefarbenen Stoff, in dem sie sterben will, auf dem Küchenfußboden ausgebreitet. Während sie ein Loch für den Kopf in den Stoff schneidet und ihn auf die richtige Länge kürzt, beißt sie immer mal wieder von ihrer Pizza ab.

„Wie gut, dass ich nicht wusste, wie lecker die Pizza schmeckt. Dann hätte ich sie bestimmt öfter bestellt", nuschelt sie zwischen zwei Bissen.

Mikael isst seine Pizza auf dem Fußboden hockend. Er achtet darauf, dass der doppelt gelegte Stoff an den Rändern nicht verrutscht.

„Trägt man normalerweise nicht Weiß, wenn man stirbt, Uroma?", fragt er. Uroma hat sich auf den Hintern gesetzt und heftet gerade den Saum an der einen Seite des Kleides.

„Früher war das schon so, aber ich glaube, dass die meisten Leute heute in ihrer gewöhnlichen Kleidung im Sarg liegen", erwidert sie und bittet ihn um einen neuen Faden.

Mikael hilft ihr beim Einfädeln in das Nadelöhr.

„Warum redet man eigentlich nicht darüber, dass alle einmal sterben müssen, Uroma?", wundert sich Mikael. „Wenn man nicht so ein Geheimnis darum machen würde, wäre das vielleicht gar nicht so furchterregend?"

Er reicht Uroma die Nadel mit dem langen Faden.

„Das denke ich auch, Mikael. Die Wenigsten verschwenden einen Gedanken an den Tod, dabei sind wir alle ein Teil der Natur, und alles, was lebt, muss einmal sterben. Dazu kommt, dass viele Menschen Angst davor haben, alleine zu sterben. Vielleicht ist das der Grund dafür, dass sie weder darüber nachdenken noch darüber sprechen wollen. Aus Angst? So wie sie auch Angst vor dem haben, was danach kommt – es gibt ja Leute, die behaupten, dass unser Verhalten auf Erden darüber entscheidet, ob wir nach unserem Tod hier oder dort landen."

Sie zeigt mit dem Finger zum Himmel und dann nach unten.

Mikael weiß, was sie meint.

„Himmel und Hölle", sagt er.

„Du kannst dir gar nicht ausmalen, wie viele Leute deshalb Ängste ausstehen. Angst haben, etwas verkehrt zu machen, Angst haben, ihr Leben so zu leben, wie es gut für sie wäre." Uroma schüttelt den Kopf.

„Jeder Mensch spürt doch an Körper und Seele, wenn er etwas

tut, das nicht gut für ihn ist, oder? Es ist wichtig, darauf zu hören und sich nicht zu sehr davon beirren zu lassen, was andere sagen. Dafür haben wir alle zu unterschiedliche Vorstellungen, weißt du." Uroma schenkt ihm ein Lächeln.

„Mama und Papa finden, dass du dir in deinem Leben ganz schön viele seltsame Dinge ausdenkst. Besonders, dass du dich dafür entschieden hast zu sterben", ergänzt Mikael leise.

„Ich habe mir schon immer Dinge einfallen lassen, die andere für merkwürdig hielten", antwortet sie. „Findest du das schlimm, Mikael?"

„Nein, eigentlich nicht. Ich finde dich mutig. Du gehst deinen eigenen Weg, selbst wenn die anderen deshalb sauer auf dich sind."

Mikael sieht Uroma an und denkt, dass er vielleicht gerade das von Uroma geerbt hat. Er hat schon häufiger seinen Freunden gegenüber kein Blatt vor den Mund genommen, auch wenn er wusste, dass sie ärgerlich reagieren könnten.

„Das freut mich, Mikael. Auch wenn kein Mensch immer nur mutig sein kann. Ich habe zwar etwas Mutiges in mir, aber auch das Gegenteil davon." Uroma guckt Mikael an. Versteht er, was sie damit sagen will?

Er schüttelt den Kopf und muss erst einen Moment nachdenken, bevor er weiß, was sie meint.

„Hast du Angst?", fragt Mikael. „Meinst du das – dass du auch Angst in dir hast?"

Uroma macht eine nickende Kopfbewegung.

„Genau. Alle Gefühle und Dinge schließen auch ihr Gegenteil ein. Niemand besteht nur aus einer Seite. Keiner ist ausschließlich nett. In jedem steckt auch eine andere Seite. Jedenfalls ist das bei mir so."

„Gut und Böse", sagt Mikael.

„Sonne und Mond", antwortet sie.

„Tag und Nacht", fügt Mikael hinzu.

„Froh und traurig", ergänzt Uroma blitzschnell.

„Hell und dunkel", erwidert Mikael.

„Wahrheit und Lüge", antwortet sie begeistert.

„Rechts und links." Mikael muss einen Moment nachdenken, bevor er fortfährt.

„Ganz genau. Alles hängt irgendwie miteinander zusammen. Das hat sich doch jemand toll ausgedacht, nicht?" Uroma lächelt. Sie steht auf, um die andere Seite des Kleides zuzunähen. Sie sieht nach, wo das Loch für den Ärmel ist, und sticht an der Stelle eine Nadel in den Stoff, damit sie weiß, dass sie auf der anderen Seite nicht drüber hinwegnähen darf.

„Leben und Tod", beendet Mikael schließlich die Aufzählung.

„Genau. Sie sind beste Freunde und gehen Seite an Seite. Ich werde sterben. Du wirst, hoffe ich, noch viele Jahre weiterleben und jede Menge Spannendes erleben. Viel Lustiges, viel Freude und Kummer erfahren. Wirst dich verlieben, womöglich einen ganzen Haufen Kinder kriegen, ja, vielleicht heiraten." Uroma holt tief Luft.

„Das reicht jetzt aber, Uroma! Ich bin doch erst elf!" Mikael lacht. „Bis ich groß bin, muss ich erst die Schule beenden. Mir ein Auto kaufen, mal so richtig über die Stränge schlagen und mit dem Rauchen anfangen." Er lacht und bemerkt, dass in Uromas Augen ein verträumter Ausdruck getreten ist.

„Ach, das könnte ich mir jetzt auch vorstellen – eine Zigarre! Ich habe schon seit Ewigkeiten keine mehr geraucht", sagt sie. „Ich glaube, ich kaufe mir morgen eine. Eine Abschiedszigarre sozusagen."

„Zigarre-Rauchen ist aber gefährlich, Uroma, das haben wir in der Schule gelernt. Es verkürzt das Leben um viele Jahre", erwidert Mikael, geht zu den Zetteln hinüber und reißt einen weiteren ab, sodass nur noch fünf Zettel übrig sind.

„Na, wenn das so ist, dann nehm ich doch gleich zwei!", ruft Uroma.

Uroma trainiert

Heute kommt endlich Uromas Sarg. Die Uhr zeigt gerade erst neun, aber Mikael ist schon vor einer Weile aufgestanden, um Uroma dabei zu helfen, einen schönen Platz freizuräumen. Mikael geht voran durch die Küche und zeigt Roars Bestattungsinstitut den Weg ins Wohnzimmer.

„Gehen Sie einfach unter diesen Zetteln hindurch", sagt er und winkt die beiden mit seinen Händen heran. Uroma ist schon im Wohnzimmer und wartet.

Roar und die Frau, die beim letzten Mal ein blaues Kleid trug, bringen den Sarg herein und stellen ihn an der gewünschten Stelle auf dem Fußboden ab.

„Das ist also mein Sarg. Wie schön! Sieh doch, wie schlicht und hübsch er geworden ist, Mikael. Genau so habe ich ihn mir vorgestellt." Uroma tritt an den Sarg heran und hilft, den Deckel abzuheben.

Mikael findet auch, dass er ganz hübsch aussieht, und kann sich ein Lächeln nicht verkneifen, als Uroma verzückt in die Hände klatscht, sobald sie die Farbe des Stoffes entdeckt, mit dem er ausgekleidet ist.

„Wo sollen wir den Sargdeckel hinstellen?", fragt Roar. Er sieht Uroma an.

„Den können Sie im zweiten Stock in den Flur vorm Schlaf-zimmer stellen. Kannst du ihm vielleicht dabei helfen, Mikael?", fragt sie.

Mikael nickt und hebt ein Ende an. Roar nimmt das andere. Ge-meinsam tragen sie den Sargdeckel durch die Küche in den Flur und die Treppe hoch. Er ist überhaupt nicht schwer, findet Mikael. Als sie wieder unten sind, stehen Uroma und die Frau immer noch neben dem Sarg.

„Perfekt, einfach perfekt! Wie Sonnenaufgang und -untergang in einem", sagt Uroma an die Assistentin gewandt. Die beiden stehen da und bewundern das Totenhemd, das Uroma in den Sarg gelegt hat. Die beiden unterschiedlichen Orangetöne passen ausgezeich-net zueinander. Uroma nimmt das Totenhemd wieder heraus und hängt es zurück auf den Kleiderbügel.

„Dann können wir vorläufig wohl nichts mehr für Sie tun?", fragt Roar. „Für die Beerdigung ist schließlich alles geregelt. Sie stehen ja mit dem Pastor und der Organistin in Verbindung. Das Programm der Zeremonie wird demnächst gedruckt, zuoberst das Bild einer Krähe. Genau wie in der Todeszeige, so wie wir es be-sprochen haben. Wenn es so weit ist, gibt uns Ihre Familie Be-scheid." Roar fasst noch einmal zusammen, was sie besprochen haben, und Uroma nickt, während Roar redet. Es hört sich alles ganz ausgezeichnet an.

Roar bedankt sich für den Auftrag und er und seine Assistentin verabschieden sich. Nachdem Uroma ihnen nachgewinkt hat, geht sie sogleich zurück ins Wohnzimmer. Mikael hat vor, sich „Den goldenen Kompass", ein spannendes Hörbuch, anzuhören, während Uroma das Sterben übt. Er hat es sich schon auf dem Sofa bequem gemacht. Mikael verfolgt, wie Uroma sich im Sarg zurechtlegt.

„Größe M passt hervorragend", gibt sie erfreut von sich. „Er ist um die Hüfte herum zwar ein bisschen eng, aber es fühlt sich gerade so an, als ob mich jemand gut festhält. Nur ist er noch zu hart und ich reiche mit den Füßen nicht ans Fußende", murmelt sie vor sich hin, nachdem sie einen Moment ausprobiert hat, wie es sich darin liegt. „Ich brauche meinen Fußschemel, dann wäre es perfekt."

Uroma krabbelt wieder aus dem Sarg. Sie eilt in die Küche, als ob sie unter Zeitnot stünde, um den kleinen Schemel zu holen, der unter dem Tisch steht. Dann läuft sie schnurstracks zurück ins Wohnzimmer und stellt ihn am Fußende in den Sarg.

„Aber was nehme ich nur, damit ich es ein bisschen bequemer habe?" Uroma redet laut mit sich selbst. Sie überlegt kurz und läuft dann erneut aus dem Zimmer und die Treppe hoch. Mikael hört, wie sie die Abseite ihres Schlafzimmers betritt. Sie kommt mit einem alten Filzteppich zurück, faltet ihn doppelt und breitet ihn auf dem Boden des Sargs aus. Vom Sofa holt sie das Kissen, auf das sie immer ihren Kopf legt. Zuerst tut sie das Kissen in den

Sarg, dann klettert sie selbst wieder hinein. Uroma sieht erhitzt aus und atmet tief durch, um sich wieder zu beruhigen.

„Prima!", sagt sie.

Mikael hat inzwischen seine Kopfhörer aufgesetzt und ist dabei, sich in das Hörbuch zu vertiefen.

„Mikael, Mikael!", ruft Uroma aus dem Sarg. „Guck doch mal, Mikael, und sag mir, was am besten aussieht!"

Uroma schwenkt die Arme, damit er sie bemerkt.

Mikael kriegt einen ordentlichen Schreck, als er Uroma aus dem Sarg mit den Armen wedeln sieht. Er beeilt sich, seine Kopfhörer abzunehmen und den CD-Spieler auszustellen. Vielleicht hat sie sich eingeklemmt und kommt nicht mehr hoch?

„Ist was passiert?", ruft er ihr zu, läuft zum Sarg und guckt auf sie hinab. Uroma liegt mit hochgerecktem Kinn, ausgestreckten Armen und gegen den Fußschemel gestützten Beinen da. Sie hat die Augen geschlossen und ein feines Lächeln spielt um ihren Mund. Mucksmäuschenstill liegt sie da, als wolle sie den Anschein erwecken, bereits tot zu sein, aber Mikael kann sehen, dass sie atmet.

„Na, was meinst du?" Uroma macht ein Auge auf und sieht ihn an.

„Sieht das so, mit hochgerecktem Kinn, gut aus oder sollte ich das Kinn lieber ein bisschen mehr runternehmen?" Uroma beugt den Kopf vor.

Mikael guckt sie an und schüttelt leicht den Kopf. Wieso sich über solche Dinge den Kopf zerbrechen, wo man doch sowieso nichts mehr davon merkt, wenn man erst tot ist!

„Warum hast du dein Kinn so in die Luft gereckt?", will er wissen.

„Damit man mein Doppelkinn nicht sieht, ist doch klar!", antwortet Uroma und wirft ihm einen Seitenblick zu.

„Wie liegst du denn am bequemsten, Uroma?", fragt er geduldig. Eigenartig, dass sie sich so damit beschäftigt, gut auszusehen, wenn sie stirbt. Sie hat doch noch nie sonderlich viel auf so etwas gegeben, soweit er sich erinnern kann. Mal abgesehen davon, dass sie sich in ihren Kleidern gerne wohlfühlen wollte.

„So jedenfalls nicht." Sie legt den Kopf wieder zurück in den Nacken. „Und wenn ich so liege, bekomme ich nach einer gewissen Zeit einen steifen Hals, merke ich."

„Dann solltest du so nicht liegen, finde ich." Mikael kann sich noch gut daran erinnern, wie er einen steifen Hals hatte. Damals, nachdem er mit Papa gerungen hatte. Das hatte echt wehgetan!

„Du hast vollkommen recht, Mikael. Danke! Ich werde jetzt einfach üben, ein wenig hier drinnen zu liegen, und versuchen, mich daran zu gewöhnen." Uroma schließt die Augen und holt tief Luft, bevor sie sich völlig entspannt.

Gerade als Mikael es sich wieder auf dem Sofa bequem gemacht und seine Kopfhörer aufgesetzt hat, schwenkt Uroma erneut die Arme.

„Huhuu, der Sarg ruft! Hallo, hallo, ich hab solchen Durst, aber es ist so schwierig, hier rauszukommen!", ruft sie. Mikael seufzt leicht genervt, steht aber auf und geht in die Küche, um ein Glas Wasser zu holen. Als er zurückkommt, hat Uroma sich im Sarg aufgesetzt.

„Das Training läuft wohl nicht so ganz rund, was?", fragt er und guckt sie an.

„Doch, doch, das alles macht nur schrecklich durstig", antwortet sie zwischen zwei Schlucken. „Ich habe mich noch nicht daran gewöhnt, hier drin zu liegen." Uroma reicht ihm das Glas, das er auf dem Tisch abstellt.

„Du solltest vielleicht ein bisschen länger als nur zwanzig Sekunden am Stück trainieren, um dich daran zu gewöhnen", schlägt Mikael ihr ruhig vor.

„Du hast mal wieder recht, Mikael. Wusste gar nicht, dass auch ein Personal Trainer in dir steckt. So jemanden haben viele Berühmtheiten, aber auch andere Leute, zum Beispiel im Fitnessstudio, wie ich gelesen habe. Der Unterschied ist nur, dass ich nicht berühmt bin und dass alle Leute, über die ich gelesen habe, in Form kommen wollen, während ich meine Form verlieren will, hi, hi – und das ist gar nicht so einfach."

Noch während sie redet, lehnt Uroma sich wieder in den Sarg zurück, um weiterzutrainieren. Mikael geht erneut zum Sofa, setzt sich bequem hin und wirft einen Blick zu Uroma hinüber, um sich zu vergewissern, dass sie nicht noch einmal irgendeinen Wirbel veranstaltet. Er wartet fast eine ganze Minute, bevor er abermals seine Kopfhörer aufsetzt. Gerade, als er die CD erneut angestellt hat, ertönt Uromas Stimme. Und die ist so durchdringend, dass sie trotz Kopfhörern und Hörbuch mühelos sein Ohr erreicht.

„Mir ist so langweilig!", tönt es. „Ich langweile mich noch zu Tode!", klagt sie noch ein wenig lauter. „Furchtbar laaangweilig ist das! Könnte mein Trainer nicht für ein bisschen Musik sorgen, bei der das Üben einfacher geht? Kannst du mich hören? Over."

Ja, doch, besten Dank, Uromas jammernde Stimme ist nur zu gut zu hören!

Zum dritten Mal legt Mikael die Kopfhörer zur Seite. Er merkt, dass er diesen ganzen Zirkus allmählich satt hat.

„Uroma, ich finde, du könntest dich jetzt mal ein bisschen in Geduld üben. Du willst in ein paar Tagen sterben und hast selbst gesagt, dass du das trainieren musst. Und ohne Training wirst du auf keinem Gebiet gute Ergebnisse erzielen. Das haben Mama, Papa und du jedenfalls immer zu mir gesagt." Mikael hat die Stimme erhoben, damit sie merkt, dass er es ernst meint. Uroma liegt weit zurück im Trainingsplan. „Welche Musik möchtest du denn haben? Elvis, oder?", fragt er mürrisch nach.

„Sei nicht so streng mit mir, Mikael. Denk daran, dass ich bald sterben werde", erwidert sie. Ihr ist deutlich anzumerken, dass sie sich gerade in Selbstmitleid suhlt. „Elvis kann ich nicht hören, der fährt mir zu sehr in die Glieder. Mach doch mal das Radio an, vielleicht spielen sie auf irgendeinem Sender ja ein paar getragene Lieder." Uroma klappt die Augen wieder zu und bereitet sich auf ihre nächste Trainingsrunde vor. Mikael geht zum Radio. Es dauert nicht lange, bis Mikael die passende Musik gefunden hat – Heavy Metal. Das konnte Uroma noch nie ausstehen.

Mikael zählt im Stillen die Sekunden. Er guckt zum Sarg. Als er bei drei angekommen ist, sieht er Uroma erneut die Arme schwenken.

„He, Mikael? Mach die Musik aus! Herrjemine! Zum Glück ist mir etwas eingefallen, das ich vollkommen vergessen hatte. Wir wollten doch morgen einen Ausflug machen. Herr im Himmel! Hier liege ich nichts ahnend und trainiere und habe unterdessen vollkommen den Ausflug vergessen! Mein letzter Wunsch! Ich muss mich sortieren. Und dir erzählen, was wir morgen vorhaben. Ich habe gar nicht mehr daran gedacht, dass du heute von meinem letzten Wunsch erfahren solltest", sagt Uroma mit sich vor Eifer überschlagender Stimme.

Die Trainingsrunde scheint vorbei zu sein, stellt Mikael fest und schaltet Radio und CD-Player aus.

„Ich werde später noch trainieren, Mikael, ganz bestimmt. Ich versprech's!" Uroma klettert aus dem Sarg. Mikael kann sehen, dass ihr das nicht ganz leichtfällt, lässt es sie aber alleine bewerkstelligen. Er ist immer noch etwas ungehalten wegen ihres Verhaltens, aber allmählich siegt seine Neugierde. Jetzt wird er endlich das Geheimnis erfahren. „Setz dich ruhig wieder aufs Sofa, Mikael", fordert sie ihn auf. Uroma zupft ihr Kleid und ihr Haar zurecht. Auf ihrem Gesicht liegt ein verschmitzter Ausdruck.

„Mikael, lieber Mikael", setzt Uroma an. Sie stopft sich ein Kissen in den Rücken und macht es sich dicht neben ihm auf dem Sofa bequem. „Kannst du dich noch an den Tag erinnern, an dem die Anzeige in der Zeitung stand, dass das Haus zu vermieten sei?"

Uroma sieht ihn fragend an und redet weiter, bevor er antworten kann. „An dem Tag hat ein Offizier hier angerufen." Mikael nickt, während Uroma schon wieder fortfährt. „Damals habe ich gesagt, dass das ein besonderer Glückstag für mich sei. Kannst du dich auch daran noch erinnern?" Uroma muss Luft holen und Mikael nutzt die Sekunde, um zu antworten: „Ja. Ich hatte dich doch gefragt, wer am Telefon war, weißt du noch?"

„Exakt. Stimmt genau. Jetzt halt dich fest, Mikael. Morgen früh machen wir beide einen Ausflug, ich erfülle mir damit den größten Wunsch meines Lebens. Aber vielleicht möchtest du ja erst morgen wissen, um was es geht?", fragt sie unvermittelt und starrt ihn an.

„Jetzt mach schon, Uroma! Spuck's aus, ja? Sonst werde ich gleich richtig sauer!" Er fragt sich, was das wohl für ein Ausflug ist.

„Wir werden tauchen. 200 Meter tief, bis auf den Grund des Meeres. In einem U-Boot mit ungefähr 20 Mann an Bord!" Uroma klatscht in die Hände. Sie strahlt übers ganze Gesicht.

Mikael gibt keinen Ton von sich. Er klatscht auch nicht in die Hände. Ein U-Boot? 200 Meter? Meeresgrund? Reglos sitzt er da. Das kam jetzt ein bisschen plötzlich. So plötzlich, dass er sich fragt, ob er vielleicht mehr von Papa geerbt hat als geahnt. Er muss das erst einmal verdauen. U-Boot. 200 Meter. Und dann begreift er endlich, was Uroma soeben gesagt hat: Uroma und er werden morgen einen Ausflug mit einem U-Boot machen und abtauchen. Tief runter. Ganz runter! Bis zum Grund, wo nicht mal eine klitzekleine Straßenlaterne die Umgebung erhellt! Auf den Meeresgrund hinunter, wo es Fische gibt, die einem ganz und gar nicht freundlich gesinnt sind. Riesige Fische mit Zähnen, so spitz wie die Zacken einer Säge. Schluck.

Mikael sieht Uroma an. Sie sieht ihn an. Erwartungsvoll. Sie wartet darauf, dass er losjubelt, dass er sich freut.

Es gelingt ihm nicht. Er merkt, dass er Angst hat. Solche Angst, dass er tief ein- und ausatmen muss. Das hilft, wenn er sich vor etwas fürchtet. Wie beispielsweise vorm Bockspringen. Im Wohnzimmer könnte man derweil eine Stecknadel zu Boden fallen hören.

Uroma schweigt, Mikael schweigt. Beide schweigen – gemeinsam.

„Mannomann", sagt er schließlich zögernd.

„200 Meter, hast du gesagt? 200 Meter, Uroma? Du hast doch bestimmt 2 Meter gemeint, oder?"

Uroma nickt, zuerst in rascher Folge, dann hält sie plötzlich inne.

„Nicht 2! 200 Meter! Findest du, dass das zu tief ist?" Sie hebt die Augenbrauen, merkt aber schnell, dass sie sich die Frage hätte sparen können.

Mikael geht zum Fenster. Er weiß, dass es normal ist, Angst zu haben – aber es fühlt sich schlimm an. Immer wenn er im Sportunterricht Bockspringen soll, geht es ihm so wie jetzt.

„Jetzt stell dich nicht so an, Mikael. Los jetzt! Spring über den Bock!" Er hört die Stimme seines Lehrers im grünen Trainingsanzug in seinem Kopf widerhallen.

Mikael schüttelt den Kopf.

Bocksprung. Ein Tauchgang, 200 Meter tief unter die Wasseroberfläche. Mikael geht's dann am besten, wenn er mit beiden Beinen fest auf der Erde stehen kann.

„Wissen Mama und Papa eigentlich davon?", fragt Mikael nach.

Uroma nickt erneut und atmet auch erst einmal tief ein.

„Oh, oh! Das gab vielleicht einen Tumult und dann die Magenschmerzen deines Vaters! Es sei der Schock, hat er gemeint. Aber nach einer Pause auf dem Sofa und ein paar Runden auf dem Klo ging's ihm schon wieder besser. Und nachdem deine Eltern mit dem Offizier haben sprechen können, haben sie sich wieder beruhigt."

„Gut", antwortet Mikael. Er merkt, dass er allmählich auch wieder ruhiger wird. Es hilft, ein paarmal besonders tief ein- und auszuatmen. Seine Gedanken wandern zu Uroma. Was, wenn er ihr jetzt die ganze Freude, den ganzen Ausflug verdorben hat? Dabei hat sie sich bestimmt riesig darauf gefreut, ihm davon zu erzählen, weil sie davon ausging, dass er begeistert sein würde.

„Und du freust dich darauf, Uroma?" Mikael steht auf und geht im Zimmer umher. Er sieht Uroma an, die nickt.

146

„Und wie! Ich freue mich darauf, aber es war wohl eine ziemlich dumme Idee, dir erst heute von der Fahrt mit dem U-Boot zu erzählen. Hab ich das richtig verstanden?" Uroma sieht ihn an.

„Ja. Saudumm!" Mikael geht an Uromas Computer.

„Darf ich den mal kurz benutzen?", fragt er.

Uroma hat nichts dagegen und Mikael macht das Gerät an und geht ins Internet. Die nächste Stunde verbringen Mikael und Uroma damit, sich über U-Boote schlauzumachen. Danach ist es Zeit fürs Mittagessen.

„Kann ich mir das noch ein wenig überlegen?", will Mikael von Uroma wissen, während sie ein Käseomelett mit Brot essen.

Mikael will absolut nicht mit auf diesen Ausflug.

Uroma sagt, dass er das ganz allein entscheiden kann. Dasselbe hatte auch Papa zu ihm gesagt, als Mikael ihn bei der Arbeit angerufen hatte, bevor sie sich zum Essen hinsetzten.

„Wenn du nicht mit auf das U-Boot möchtest, hole ich dich morgen früh ab. Ehrenwort", hat Papa gesagt.

Papa hat ihn verstanden. Mann, wie froh und erleichtert er ist!

Schiff ahoi!

Mikael hat Uroma noch nie in Hosen erlebt, aber heute trägt sie blaue Hosen und eine orangefarbene Strickjacke. Mikael sieht sie durchs Fenster auf dem Hof stehen. Es ist noch früh; er ist aufgewacht, als Uromas Wecker geklingelt hat. Da war Uroma schon auf den Beinen. Bestimmt, weil sie so gespannt auf den Ausflug ist, denkt Mikael. Uroma starrt himmelwärts. Er sieht, worauf sie starrt: die Zugvögel. Sie haben die Reise gen Süden angetreten.

Uroma winkt und flüstert irgendwelche Worte. Mikael weiß, was sie sagt, auch wenn er sie nicht hören kann, denn es ist jedes Jahr dasselbe: „Gute Reise, ihr Kleinen!", wünscht sie zuerst. Und dann sagt sie ihnen, dass sie vorsichtig fliegen sollen, und verabschiedet sie mit: „Bis nächstes Jahr!" Obwohl – diese Worte sagt sie heute bestimmt nicht.

Der gestrige Abend war irgendwie anders als sonst gewesen. Uroma war ratlos, wie sie Mikael helfen könnte. Sie hatte lange auf seiner Bettkante gesessen und sie hatten sich übers Angsthaben unterhalten. Übers Bockspringen und das Abtauchen mit dem U-Boot. Uroma hatte seine Haare gestreichelt und sich über den Sportlehrer aufgeregt, als Mikael ihr von dem Zwischenfall mit dem Bock erzählte. Und das hatte geholfen – das Erzählen und das Haarestreicheln. Danach hatte Uroma ihm aus einem alten Buch eine Geschichte vorgelesen. Das war schön gewesen, fand Mikael. Und jetzt sagt sie den Vögeln Lebwohl.

Mikael sieht Uroma auf die Treppe vor dem Hauseingang zusteuern. Sie wirft einen kurzen Blick zurück und hebt die Hand, als ob sie den Vögeln ein letztes Mal zuwinken will.

Wie Uroma sich wohl fühlen mag?, denkt Mikael. Zu wissen, dass etwas zum letzten Mal ist? Und da, in diesem Augenblick, spürt er es. Ein bestimmtes Gefühl tief in seinem Inneren. Wo es herkommt, weiß er nicht. Er hat es noch nie zuvor gespürt! Jetzt, ja jetzt könnte er mühelos über den Bock fliegen, könnte 200 Meter tief tauchen! Mikael drückt seinen Rücken durch, lächelt und spürt: Ich will es! Nicht dass er es muss oder soll, sondern dass er, Mikael, es will. Es ist ein ganz neues Gefühl, das sich da in ihm breitmacht. Denn er kennt den Unterschied zwischen sollen, dürfen, müssen und wollen! Er läuft in den Flur und Uroma in die Arme.

Um Punkt halb elf biegt ein silbergrauer Wagen auf den Hof. Ein Offizier in grüner Uniform mit irgendetwas Weißem dran öffnet die Tür und kommt zur Begrüßung auf sie zu. Gestreckt hebt er die Hand an die Mütze. Mikael hat diesen Gruß schon früher bei Soldaten gesehen.

„Betreuungsoffizier Haugen meldet sich zum Dienst", sagt er energisch mit tiefer Stimme. „Die norwegischen Streitkräfte stehen zu Diensten – zu Wasser, zu Lande und für die Zivilbevölkerung."

„Na, wenn das kein Service ist", kichert Uroma.

Mikael nickt und grüßt. Allein der Anblick des Mannes lässt seine Aufregung um ein paar Grad steigen. Mikael nimmt Uroma den Korb ab, geht zum Auto und setzt sich auf den Rücksitz. Noch nie hatte er es so eilig, den Sicherheitsgurt anzulegen. Das hilft irgendwie.

„So einen schönen Auftrag bekomme ich selten. Eine Fahrt mit dem U-Boot zu arrangieren, als letzten Wunsch sozusagen, so etwas hatte ich bisher ehrlich gesagt noch nie – erst recht, wenn der Wunsch von einer 92-jährigen Dame stammt." Haugen schmunzelt. Er lässt den Motor an und fährt vom Hof. Dabei erzählt er von sich. Er sei lange beim Militär gewesen und seit nunmehr 10 Jahren Betreuungsoffizier. Er kümmere sich um die Belange der Seeleute und der Zivilisten, die mit der Armee Kontakt aufnehmen. In seiner Freizeit spiele er begeistert Gitarre und singe in einer Band, die er mit drei anderen zusammen gegründet habe. Inzwischen würden sie sogar für örtliche und militärische Tanzveranstaltungen engagiert. Zwei Mal sei er verheiratet gewesen, habe zwei Kinder aus erster und drei aus zweiter Ehe. Der Älteste sei letztes Jahr 40 geworden, der Kleinste gerade erst sieben. Bis jetzt habe er sich meistens auf der Erde aufgehalten. Abgesehen von einem Flug in einem Jagdflugzeug, von dem ihm übel und schwindelig geworden sei. Den Ausflug würde er am liebsten vergessen, sagt er und lässt ein polterndes Gelächter hören. Heute sei seine erste Fahrt unter Wasser. Das liefe sicher wie geschmiert. Nur 200 Meter tief – das sei ja gar nichts! Wo er doch schon mehrere Tausend Meter über dem Erdboden geflogen sei!

Mikael sitzt still auf dem Rücksitz. Er denkt an den Tauchgang. Fest hält er den Korb mit den Waffeln umklammert. 200 Meter findet er – selbst wenn er sich zu der Tauchfahrt entschieden hat – entsetzlich tief. Mikael kennt sich besser mit dem Weltall aus. Über Planeten und Sternbilder hat er schon viel gelesen. Geflogen ist er auch schon mal. Und jetzt geht es runter – 200 Meter tief unter Wasser. Er fühlt, wie es in seinem Bauch kribbelt. Und ein bisschen übel ist ihm auch.

Uroma und dieser Mann reden da auf dem Vordersitz ohne Punkt und Komma. Mittlerweile stellt Haugen Fragen und Uroma antwortet freimütig drauflos.

„Wir sind gleich da!", hört Mikael Haugen plötzlich brüllen. Mikael zuckt zusammen und fragt sich, ob alle beim Militär solche Stimmen haben. Durch die Frontscheibe sieht er ein langes schwarzes Boot am Kai. Es sieht aus wie ein Wal – wie ein riesiger gestrandeter Wal aus Metall. Mikael wird nervös. Kleine, unangenehme Krabbeltiere setzen seinem Bauch zu und piesacken ihn. Sein Herz klopft schneller als sonst. Uroma hat nach Haugens Arm gegriffen. Sie ist auch angespannt, bemerkt Mikael.

Am Kai stehen mehrere Leute. Wer davon wohl mitfahren wird?

Haugen hilft Uroma aus dem Auto. Mikael hält den Korb fest, das ist irgendwie tröstlich. Als ob der Korb mit Waffeln die Unruhe in seinem Bauch dämpft. Mikael sieht ein paar Leute auf sie zueilen. Einen großen Mann, der eine norwegische Flagge schwenkt, und eine etwas rundliche Frau. Mikaels Herz macht einen Sprung, aber nicht aus Angst, oh nein – vor Freude!

„Mama! Papa!", ruft er und winkt. Sie umarmen ihn und Uroma und wenden sich Haugen zu, der zur Begrüßung strammsteht.

„Für König und Vaterland!", brüllt er zackig.

Papa beeilt sich, auch eine stramme Haltung einzunehmen, obwohl er nie bei der Armee gewesen ist.

„Hisst die FAHNE!", brüllt Papa ebenso laut und durchdringend wie Haugen und streckt die Fahne, die er von daheim mitgebracht hat, in die Luft.

Uroma geht auf das Spiel ein. Sie richtet sich auf, lässt Haugens Arm los und legt die Arme steif gestreckt an den Körper.

„Leichtmatrose Uroma meldet sich zum Dienst. Schiff ahoi!", tönt sie mit tiefer Stimme und lacht Mikaels Eltern laut an. Mikael schüttelt den Kopf, kann sich ein Lächeln aber nicht verkneifen – weil er sieht, welchen Spaß Uroma hat, aber vor allem, weil seine Eltern vor ihrem großen Tauchgang vorbeigekommen sind, um sie zu verabschieden und ihnen Gute Fahrt zu wünschen.

„Geht's dir gut, Mikael? Mir kommt es so vor, als seist du schon monatelang weg", sagt Mama und nimmt Mikael den Korb ab. Sie schlingt die Arme fest um ihn.

„Wir wollten dir vor diesem Erlebnis unbedingt alles Gute wünschen", sagt Papa und fragt Mikael, ob er es wirklich wagen will.

„Ich will's!", antwortet Mikael mit Nachdruck. „Ich will's, auch wenn ich mich davor fürchte." Er sieht seine Eltern an und merkt, wie schön es doch ist, sie zu sehen. Gemeinsam schlendern sie zum U-Boot hinüber, wo noch weitere Leute auf sie warten, wie Mikael feststellt.

Eine Frau von der Lokalzeitung kommt ihnen entgegen, als sie fast das Boot erreicht haben. „Dürfte ich vielleicht ein Foto von Ihnen machen?", fragt sie und stellt sich vor.

„Du liebe Zeit", antwortet Uroma. „Ich bin nicht mehr in der Zeitung gewesen, seit ich vor vielen, vielen Jahren einen Dieb gefangen habe. Und ob Sie ein Bild schießen dürfen!" Uroma bleibt stehen. Mikael sieht, dass Haugen einen Arm um Uroma legt. Er möchte bestimmt mit aufs Foto.

„Wäre es okay, wenn der Junge auch mit aufs Bild käme? Mikael, so heißt du doch?", fragt die Journalistin und wirft erst ihm, dann Mama und Papa, die beide nicken, einen schnellen Seitenblick zu.

„Völlig okay", erwidert Mikael und stellt sich neben Uroma.

„Sieh mich an, Mikael, und lächle!", ruft Papa, der sich hinter die Journalistin gestellt hat. Sie fängt an zu knipsen. Mikael merkt, dass es ihm nur halbherzig gelingt zu lächeln. Schnell guckt er zu Uroma rüber, die bis über beide Ohren lächelt. Neben ihr steht in strammer Haltung Haugen.

„Na, los doch, Mikael, Lächeln!", ruft Papa erneut und schwenkt die Fahne. Mikael hebt den Kopf. Mama hält die Daumen hoch, zum Zeichen, dass es überhaupt nichts macht, wenn er nur halbherzig lacht.

„HALTUNG, JUNGE!", brüllt Haugen. Zum Glück ist die Journalistin in dem Moment mit dem Fotografieren fertig. Sie hat Block und Bleistift herausgeholt und tritt auf sie zu.

Mikael eilt an Mamas und Papas Seite. So allmählich geht ihm Haugens Stimme auf den Geist. Mama spürt, was mit ihm los ist. Leise fragt sie ihn, ob er immer noch mitfahren möchte. Mikael nickt und lehnt sich leicht gegen sie, während sie ihm ins Ohr flüstert, dass er sich nicht darum kümmern soll, dass Haugen so forsch auftritt.

Uroma und Haugen haben ihr Gespräch beendet. Gemeinsam spazieren sie auf den schwarzen Stahlwal zu. Die Dame von der Zeitung eilt an Mikaels Seite.

„Du bist wirklich mutig", sagt sie schnell. „Freust du dich?"

Mikael guckt sie an und schüttelt den Kopf. „Kann ich nicht gerade behaupten, aber ich will mit", antwortet er ehrlich und bleibt an der Gangway stehen. Uroma, Haugen, Mama und Papa stehen bereits zusammen an dem Steg, der übers Wasser zum U-Boot führt. In dem Augenblick kommt ein großer dunkelhaariger Mann in blauer Uniform vom U-Boot zu ihnen. Seine Schultern sind mit Goldstreifen dekoriert und auf seinem Kopf sitzt eine dunkelblaue Mütze, ein Barett. Kleine goldene Anker, die von Lorbeerblättern eingefasst sind, schmücken die Kopfbedeckung.

154

Das ist der Oberkommandant des U-Bootes, Navigationsoffizier Ole-Kristian. Haugen beeilt sich, für die Begrüßung strammzustehen. Der Oberkommandant grüßt auf die gleiche Weise wie Haugen – mit einem großen Unterschied: der Stimme. „Willkommen an Bord!", sagt er und sein Dialekt klingt, als ob er beim Reden Trampolin hüpfen würde. Seine Stimme ist so weich wie Baumwolle und Mikaels Anspannung lässt nach. Er kann Ole-Kristian auf Anhieb leiden. Uroma auch, wie er sieht. Sie schenkt ihm ihr schönstes Lächeln und bedankt sich, dass sie mitfahren dürfen.

„Sind Sie bereit?", will Ole-Kristian wissen und wirft den drei Passagieren einen kurzen Blick zu. Haugen nickt nur und gibt ausnahmsweise mal keinen Ton von sich. Er hakt Uroma fest unter und betritt die Gangway.

Mama und Papa wünschen allen einen gelungenen Tauchgang, umarmen Mikael und sagen, dass er anrufen soll, wenn sie wieder wohlbehalten zu Hause angekommen sind. Mikael greift nach dem Korb mit Waffeln, der auf der Brücke steht, und wirft von außen einen letzten Blick auf das U-Boot. Es ist riesig. Groß, schwarz und schwer. Er fühlt, wie es vor Spannung in seinem Bauch kribbelt. Er dreht sich um und winkt seinen Eltern zu. Mehrmals. Papa macht auch einen angespannten Eindruck, findet Mikael.

„Gute Fahrt! Und meldet euch anschließend!", ruft er Mikael zu, der nickt.

Haugen, Ole-Kristian und Uroma stehen vor einer Luke, in die sie allesamt hinunterklettern müssen.

„Ist diese Öffnung medium oder small?", fragt Uroma und sieht den Oberkommandanten an. Er lächelt Uroma leicht zu und weiß offensichtlich sofort, was sie meint. Haugen lacht lauthals, aber klingt es nicht auch eine Spur ängstlich? Ole-Kristian nimmt Uromas Arm und hält sie so, dass sie ins Loch klettern und die Leiter ins Innere des U-Boots hinabsteigen kann.

„Alles wird gut gehen, das versprech ich Ihnen", sagt er sanft zu ihr.

„Frauen und Kinder zuerst!", brüllt Haugen und dreht sich zu Mikael um, der dabei wieder zusammengezuckt ist.

Mikael reicht Ole-Kristian den Korb mit den Waffeln und klettert Uroma, die nicht so schnell ist, langsam hinterher. „Ist alles in Ordnung, Uroma?", fragt er auf der Hälfte der Trittleiter.

„Es sind nur noch ein paar Stufen, und das ist auch gut so, denn ich bin jetzt schon kaputt", antwortet sie von unten. „Herrjemine, wie bin ich bloß darauf gekommen, in ein U-Boot zu klettern! Mehr Stufen hätte ich nicht geschafft!", ruft sie.

Mikael hört, dass Haugen die Trittleiter hinabsteigt, gefolgt von Ole-Kristian. Haugen trällert ein Liedchen. Eines, das er sich gerade ausgedacht hat, jedenfalls hört es sich so an.

Unten lässt Mikael seinen Blick umherwandern. Es ist eng. Und ziemlich dunkel. Stahlrohre, Bajonettverschlüsse, Instrumente und eine rot leuchtende Lampe sind das Erste, was Mikael sieht.

Und nirgends ein Fenster! Mikael holt tief und leicht zitternd Luft.

„Ha, ha. Das ist doch kein Grund, um sich in die Hosen zu machen!", ruft Haugen und klopft Mikael hart auf den Rücken. Erneut gibt er lautstark von sich, dass diese popeligen 200 Meter ja gar nichts gegen einen Flug von mehreren Tausend Höhenmetern seien.

Mikael tut so, als hätte er ihn nicht gehört, und sieht sich nach Uroma um. Zusammen mit Ole-Kristian und einem anderen Besatzungsmitglied steht sie neben einem langen Rohr.

„Dann können wir zu unserer kleinen Einführung kommen", sagt Ole-Kristian und bittet sie, ihm zuzuhören. „Zuerst möchte ich Sie alle herzlich an Bord willkommen heißen", sagt er und lächelt Uroma, Mikael und Haugen an.

Uroma lächelt zurück.

„Und ich möchte mich sehr herzlich bedanken. Over and out", sagt sie schnell. Sie nickt Ole-Kristian zu, dass er weitersprechen kann.

„Sobald wir abtauchen, ist das Rauchen nicht mehr gestattet. Wer unbedingt rauchen will, kann in den Kommandoturm gehen und den Ersten Wachoffizier um Erlaubnis bitten, nachdem wir wieder aufgetaucht sind. Zwischen 13.30 und 14.30 Uhr wird Ihnen das Mittagessen serviert."

Uroma meldet sich zu Wort.

„Und nach dem Mittagessen serviere ich Waffeln mit Marmelade", sagt sie.

„Yes! Lecker", hört Mikael mehrere Besatzungsmitglieder hinter seinem Rücken rufen.

„Fein", erwidert Ole-Kristian. Er erzählt weiter, dass sie ihr Eigentum nirgends herumliegen lassen dürfen, und erläutert, dass mit Energie an Bord sparsam umgegangen werden muss.

Mikael hört gut zu und erfährt, dass es an Bord keine normalen Spülklosetts gibt, wo man einfach die Spültaste drückt. Stattdessen wird das Klo mithilfe einer Handpumpe geleert. Es sei außerdem wichtig, so wenig Toilettenpapier wie möglich zu verwenden, weil das Papier die Rohre verstopfen könnte. Mikael wirft einen Blick zu Haugen hinüber, der schon seit geraumer Zeit ungewöhnlich still ist. Er steht unmittelbar hinter ihnen. Er sieht mit einem Mal so ernst aus, findet Mikael. Plötzlich tut Haugen ihm fast ein bisschen leid. Er zwinkert ihm kurz zu, um ihn aufzumuntern. Haugen zwinkert rasch mit beiden Augen zurück, bringt aber kein Lächeln zustande.

„Es gibt gewisse Dinge, die Sie auf einem U-Boot erleben können, die Sie nicht der Öffentlichkeit preisgeben sollten. Darauf werde ich Sie unterwegs aufmerksam machen", gibt Ole-Kristian ihnen zu verstehen. Uroma sucht Mikaels Blick. Was das wohl sein kann?

„Dann möchte ich Ihnen jetzt ein bisschen über unsere Rettungsmaßnahmen und das Rettungsgerät erzählen", fährt Ole-Kristian fort.

Mikael schreckt zusammen, als Haugen eine Hand auf seine Schulter herabsausen lässt.

„Na, das werden wir nicht nötig haben, ha, ha, ha", lacht er. Haugen hat tatsächlich Angst, das hört Mikael seinem Gelächter an. Mikael guckt Uroma an. Sie weiß sofort, was er denkt, sie hat das auch gehört. Sie dreht sich zu Haugen um und tätschelt ihm vorsichtig den Arm.

„Es wird alles gut gehen, Sie werden schon sehen", spricht sie ihm Mut zu.

Haugen erwidert nichts. Er klammert sich an ein Rohr und sieht ganz erschlafft aus. „Bei U-Booten gibt es verschiedene Rettungsmaßnahmen." Ole-Kristian erzählt, dass sie im Notfall die Rettungskapsel aufsuchen müssen, falls das U-Boot sich über der Wasseroberfläche befindet. „Für den Fall, dass wir das Boot in tiefem Gewässer verlassen müssen, haben wir sogenannte Tauchretter, Anzüge, in denen man atmen kann, bis die Wasseroberfläche erreicht ist. Wir würden das Schiff dann durch eine Ausstiegsschleuse verlassen", sagt er heiter. Weder Uroma noch Mikael haben jemals so viel über U-Boote erfahren. Sie hören, was geschieht, wenn ein Feuer an Bord ausbricht, und dass für den Notfall Atemmasken bereitliegen. Lernen, dass mit „Unter den Fischen" das Dach des U-Boots gemeint ist und dass „Deck" Fußboden bedeutet. Ein „Schott" ist eine Wand und die Betten an Bord heißen „Kojen".

„Brücke, bitte kommen, Brücke, bitte kommen, hier spricht der Kommandant!" Nach dem Sicherheitscheck wendet sich Ole-Kristian an die Passagiere: „Wir sind dann so weit." Alle Luken werden geschlossen. Als sie zu der Stelle fahren, an der sie abtauchen werden, ist nur noch der Kommandoturm des U-Bootes geöffnet. Dann wird der Motor gestartet und es geht los.

„Ein Trägheitsnavigationssystem und ein GPS-System bestimmen die ganze Zeit über unsere Position – wohin uns die Meeresströmung treibt und in welchem Radius wir uns bewegen", erläutert Ole-Kristian. Sie gucken sich die Karte an, die vor ihnen auf einem Tisch ausgebreitet liegt. Bevor ein U-Boot abtaucht, ist es üblich, dass der Kommandant durchs Periskop sieht. Unter anderem, um zu überprüfen, ob sich keine anderen Schiffe in unmittelbarer Nähe befinden.

Uroma, Mikael und Haugen stehen dicht zusammen. Haugen sieht aus, als ob es ihm jetzt wieder besser ginge. „Ich freue mich schon auf die Waffeln", sagt er vergnügt zu Uroma. „Meine Mutter war auch eine verflixt gute Waffelbäckerin. Sauerrahmwaffeln mit Marmelade." Ausnahmsweise hat Haugens Stimme einen normalen Klang.

„Alles fertig machen zum Fluten!", kommandiert Ole-Kristian. Er spricht in ein Mikrofon, das mit der Brücke verbunden ist. Von dort aus wird das U-Boot gesteuert. „Tauchposten, Tauchposten, Tauchposten!" Schließlich melden alle Tauchposten, dass sie fertig zum Abtauchen sind, und der Erste Wachoffizier kommt von der Brücke herunter und schließt die Luke hinter sich. „Jetzt werden alle Ventile geschlossen", erklärt Ole-Kristian. Mikael merkt, dass seine Hände warm werden und sein Herz wieder schneller klopft. Uroma und Haugen sind offenbar auch angespannt. Sie klammern sich mit festem Griff an ein Metallrohr. „Tauchgang auf 12,5 Meter", hört Mikael Ole-Kristian sagen.

„Wir tauchen, wir tauchen, wir tauchen", tönt es aus den Lautsprechern. „Okay, ich bin bereit!", ruft Uroma. Sie stellt sich breitbeinig hin, um einen sicheren Stand zu haben.

„Komm mal rüber, Mikael, dann kannst du sehen, wie der Bug des U-Boots unter der Wasseroberfläche verschwindet", spricht Ole-Kristian ihn an.

Mikael tritt ans Periskop, was nichts anderes als ein langes Fernrohr ist, mit dem man aus dem U-Boot gucken kann. Mikael sieht, wie das Wasser um den Schiffsrumpf steigt.

„Ich glaub, ich muss aufs Klo", presst Haugen plötzlich hervor. In seiner Stimme ist ein leichtes Zittern. Ole-Kristian weist auf eine Tür. Haugen nickt und geht – sich an den Wänden abstützend – nach hinten. Mikael spürt, wie das ganze U-Boot schräg nach unten gleitet. Der Wal taucht! Uroma schließt die Augen und redet leise vor sich hin. Mit festem Griff hält sie sich an der Metallstange fest.

„Wie tief sind wir jetzt?", will sie wissen.

Wie sie erfährt, befinden sie sich erst zwei Meter unter der Wasseroberfläche. Mikael merkt, dass sie bei dieser Nachricht erleichtert ausatmet. Im U-Boot ist es dunkel und stickig, aber an einem Instrument leuchtet eine grüne Lampe auf. Mikael spürt, dass das Boot ein bisschen schlingert, und hofft inständig, dass das nicht lange anhält.

„Dichte Schiffskontrolle auf 12,5 Meter", sagt Ole-Kristian. Er erklärt ihnen noch einmal, dass der Obermaschinist jetzt überprüft, ob sich das U-Boot 12,5 Metern nähert. Mikael nimmt eine Veränderung an Uroma wahr.

„So tief werde ich nie mehr sinken", sagt sie und lächelt ihm zu. Uroma denkt offensichtlich daran, dass sie bald in die Erde gesenkt wird, und sieht den Tauchgang auch als Übung an, wie sie gestern gesagt hatte.

„Wir nähern uns vier mal zehn Metern", hört er Ole-Kristian sagen.

Mikael atmet wieder besonders tief ein und aus. Vier mal zehn? Das bedeutete 40 Meter Tiefe.

„Das U-Boot wird erneut kontrolliert, wenn es sich 40 Metern nähert", fügt Ole-Kristian hinzu.

„Dichte Schiffskontrolle auf 40 Meter", kommt es aus dem Lautsprecher.

„Hilfe, Hilfe!", ruft da plötzlich eine Stimme. „So helft mir doch! Ich habe die Taucherkrankheit!" Die Stimme klingt ängstlich und schwach.

„Haugen! Das ist Haugen!" Uroma blickt sich nach Ole-Kristian um.

„Man kann in einem U-Boot nicht die Taucherkrankheit kriegen. Das habe ich gelesen. In einem U-Boot herrscht doch derselbe Druck wie an Land, oder?", fragt Mikael und sieht zu Ole-Kristian hinüber, der das bestätigt.

„Hilfe!", schreit Haugen erneut.

Ole-Kristian sieht nach, ob er ihm helfen kann.

„Armer Haugen, dabei ist er so mutig. Ist sogar in einem Jagdflugzeug geflogen", sagt Uroma. „Er war auch ein bisschen aufgeregt, so wie wir. Aber dass er solche Angst hatte? Das habe ich nicht gewusst. Ob er wirklich die ganze Zeit Angst gehabt hat, Mikael?" Ein sorgenvoller Ausdruck legt sich auf Uromas Gesicht.

„Fieber! Ich glaube, ich habe Fieber!", hören sie Haugen vom Klo rufen.

Ole-Kristian kommt zurück und berichtet, dass Haugen sich weigert, die Tür zu öffnen. Vielleicht kann Uroma ja versuchen, ihn dazu zu bewegen? Sie erklärt sich sofort bereit.

„Müssen wir umkehren?", will Mikael wissen.

Ole-Kristian schüttelt den Kopf.

„Wir probieren es zuerst mit Waffeln und Kakao. Wenn das nichts hilft, können wir immer noch die Tür aufbrechen und ihn an der Dusche festbinden, falls er völlig die Nerven verliert", sagt er mit einem Lächeln.

„Komm her, Mikael, ich will dir etwas zeigen." Ole-Kristian winkt ihn zu sich heran und deutet erneut auf das Periskop. Es ist ganz schön schwierig zu gehen, während das Boot in die Tiefe sinkt, findet Mikael. Ole-Kristian hilft ihm, wieder sicher zu stehen. Mikael guckt durchs Periskop und sieht das Meer vor sich. Ein unbekanntes Meer. Erst jetzt begreift er richtig, dass sie tauchen. Es ist, als ob er in einem unheimlichen Karussell fährt, das ein komisches Gefühl in der Magengrube verursacht.

Sie müssen jetzt noch tiefer sein, beobachtet er. Draußen ist es ziemlich schummerig. Er sieht keine Fische, keine Wale. Nichts, das einem Monsterfisch ähnelt.

Ole-Kristian erklärt, dass es an Bord ein Sonargerät gibt. Dieses Gerät funktioniert wie ein Ohr und kann ins Meer hineinhorchen. „So etwas hätte ich auch gerne gehabt", sagt Uroma, die wieder da ist. Mikael guckt sie an. Er will wissen, wie es Haugen geht.

„Er kommt. Ich habe ihm Waffeln versprochen und die sind offenbar auch ein Allheilmittel gegen Fieber. Uromas Mundwinkel umspielt ein feines Lächeln. Dann will sie mehr über dieses Sonargerät hören. „Sie können also tatsächlich alles, was im Meer vor sich geht, hören. Und das durch die Wände des U-Bootes und so?!"

„Ja. Es kann das Geräusch von fremden Schiffen, die Gesänge von Walen und die Laute von Garnelen, die miteinander kommunizieren, auffangen", erteilt ihnen Ole-Kristian bereitwillig Auskunft.

„Unterhalten sich Garnelen wirklich miteinander?" Das hört sich seltsam an, findet Mikael.

„Sie geben zumindest ganz eigene Laute von sich", erzählt Ole-Kristian. „Und die Wale haben ihren Gesang. Prachtvolle Geschöpfe sind das! Aber es kann auch ganz schön anstrengend sein, ihnen zuzuhören."

„Es ist beinahe schade, dass ich nach meinem Tod nichts mehr

164

hören kann. So ein Sonargerät hätte ich auch gerne mit ins Grab genommen. Dann hätte ich aus dem Sarg hören können, worüber mein Handarbeitskränzchen sich nach meinem Tod das Maul zerreißt. Darf ich das vielleicht mal sehen?", fragt Uroma.

„Das kann ich Ihnen leider nicht erlauben, es ist streng geheim", erwidert Ole-Kristian.

„120 Meter Tiefe", dringt es erneut an ihr Ohr. Mikael und Uroma fassen sich an den Händen. Man stelle sich vor – 120 Meter!

Im selben Augenblick stößt Haugen wieder zu ihnen. Oder besser gesagt – das was von ihm noch übrig ist. Er macht gar keinen guten Eindruck. Sein Gesicht ist ganz bleich und er sieht aus, als ob ihm übel wäre, sodass Uroma nach seiner Hand greift und sie festhält.

Uroma wirft einen schnellen Blick auf Haugen. Dann dreht sie ihn zu sich um und zieht ihn mit sich. Langsam tappt er hinter Uroma her. Ole-Kristian wechselt ein paar Worte mit einem der Besatzungsmitglieder, das ihnen folgt.

„Bringen Sie ihn jetzt in die Dusche und binden ihn fest?", fragt Mikael schnell. Ole-Kristian muss lachen.

„Nein, nein, wir legen ihn nur in die Koje. So kann er sich ausruhen, bis sich sein Unwohlsein gelegt hat. Manchen ist es nicht ganz geheuer, so tief zu tauchen. Was ist mit dir, hast du denn gar keine Angst?" Er lächelt Mikael zu.

„Jetzt nicht mehr, das läuft schließlich super! Ich war nur im ersten Moment geschockt, als Uroma mir davon erzählt hat. Man macht schließlich nicht jeden Tag so einen Ausflug in 200 Meter Tiefe", antwortet Mikael.

Er unterhält sich mit Ole-Kristian ein bisschen über die Tiefen des Meeres und dass die Menschen verhältnismäßig wenig darüber wissen – jedenfalls im Vergleich zu den Planeten, die um die Sonne kreisen, der Atmosphäre und dem Weltraum.

„Der arme Mann, er steht ja Todesängste aus", wirft Uroma ein, die zu ihnen zurückgekehrt ist.

Sie steht direkt hinter Mikael.

„Ist das gefährlich für ihn?", erkundigt sich Mikael.

„Nein, nicht wirklich, aber er fühlt sich richtig elend", antwortet sie.

„Und was ist mit dir, Uroma?", fragt er.

„Mir geht's prima. Die ersten zwei Meter waren heikel, danach hatte ich keine Angst mehr", antwortet sie und sagt, dass sie Hunger habe. Mikael spürt auch, dass er bald etwas zu essen vertragen könnte. Ole-Kristian bietet ihnen an, dass sie, wenn sie möchten, mit der ersten Schicht zusammen essen können, und weist auf den Raum, wo das Mittagessen serviert wird.

„Ich glaube kaum, dass Haugen zum Mittagessen aufsteht, Mikael. Ich werde ihm anschließend wohl ein paar Waffeln in seiner Koje servieren müssen. Uroma und Mikael tauschen einen Blick und müssen lächeln.

„Dichte Schiffskontrolle auf 200 Meter!", tönt es aus den Lautsprechern.

„Yes!", ruft Mikael aus. „Uroma, wir sind auf 200 Meter Tiefe."

„Yes!", antwortet Uroma. „Wer hätte das gedacht!"

Es macht Spaß, in 200 Meter Tiefe Lasagne zu essen. Mikael kleckert nicht einmal, obwohl er merkt, dass das Unterseeboot wieder steigt. Uroma und er unterhalten sich mit den Besatzungsmitgliedern, die mit ihnen am Tisch sitzen. Uroma fragt sie über alles aus, was sie wissen will. Ob sie auf ihren Fahrten manchmal Heimweh hätten? Sich auf ihr Zuhause freuen würden? Ob sie an Bord gut schlafen könnten und ob sie hier schon mal Angst gehabt hätten?

Aber die Mannschaft ist an all das gewöhnt, wie Mikael erfährt. Er steht auf und holt den Korb mit Waffeln, der bei Ole-Kristian stehen geblieben ist. Ole-Kristian gesellt sich dazu. Gemeinsam gehen sie zu Haugen, der in einer Koje liegt.

„Jetzt gibt es Waffeln, Haugen", wendet sich Mikael mit beruhigender Stimme an ihn.

„Die schmecken sicher großartig, Mikael, aber ich habe mir anscheinend eine Magenverstimmung eingefangen. Genießt ihr nur die Waffeln. Vielleicht lasst ihr mir ja eine übrig, dann esse ich sie, wenn ich wieder festen Boden unter den Füßen habe", antwortet Haugen zaghaft.

Der gesamte Ausflug hat zweieinhalb Stunden gedauert. Mikael und Uroma sind vergnügt, als das U-Boot wieder am Kai anlegt. Uroma erklimmt die Trittleiter, gefolgt von Mikael und Haugen. Wie durch ein Wunder ist Haugen von allen lebensbedrohlichen

Krankheiten genesen. Er nimmt sogar wieder seine stramme Haltung ein, als er ihnen für das unvergessliche Erlebnis dankt.

„Ich möchte mich im Namen des Betreuungsdienstes der norwegischen Streitkräfte herzlich bedanken!", brüllt er mit gewohnter Kommandostimme.

Als sie sich verabschieden, steht die gesammelte Mannschaft an Deck, um ihnen Lebewohl zu sagen. Ole-Kristian geleitet sie die Gangway hinunter. Ein Mannschaftsmitglied folgt ihnen an Land, bleibt an der Gangway stehen und spielt Flöte für sie, als sie das U-Boot verlassen. „Auf glückliche Fahrt im Leben!", ruft Uroma ihnen zu und winkt. Mikael tut es ihr nach.

„Vielen Dank für diesen wunderbaren Tag", wendet sich Uroma an Haugen und umarmt ihn.

Auf der Heimfahrt schweigen sie. Mikael geht durch den Kopf, was er heute alles erlebt hat. Da kann ich meinen Klassenkameraden aber was erzählen!, denkt er. Und Haugen hat zu guter Letzt noch seine Waffel mit Marmelade bekommen. Uroma ist zufrieden.

„Ich hoffe, dass Sie heute gut schlafen und keine Albträume von undurchsichtigen Tiefen haben werden", verabschiedet Uroma Haugen. Er sieht sie an.

„Ich glaube, ich bin doch am ehesten dafür gemacht, festen Boden unter den Füßen zu haben." Er lässt den Motor an, winkt zum Abschied und fährt vom Hof.

Sowie sie im Haus sind, ruft Mikael seine Eltern an. Papa findet, dass er wahnsinnig mutig gewesen ist, und will alles über den Tauchgang hören. Mama will auch alles wissen. Mikael ist nach der ganzen Aufregung jedoch so müde, dass er kaum noch etwas sagen mag. Er verspricht ihnen, alles zu erzählen – sofern es nicht heute ist. Sein letzter Gedanke vor dem Einschlafen ist: Von jetzt an werde ich auch nie mehr Angst vorm Bockspringen haben.

Uroma sitzt an diesem Abend noch lange wach. Sie bastelt am Küchentisch an irgendwelchen Kästchen herum. Still vor sich hin lächelnd reißt sie den drittletzten Zettel ab. Jetzt sind es nur noch zwei Tage bis zu ihrem Tod.

Die Wechselfälle des Lebens

„Herrlich!", stöhnt Uroma. Sie liegt zurückgelehnt in einem Le-
dersessel. Torill vom „Friseur am Markt" spült ihr Haar mit war-
mem Wasser aus. Das macht sie seit vielen Jahren so. Mikael ist
auch mitgekommen und bekommt die Haare ebenfalls gewaschen –
von dem süßen Lehrmädchen. Was für ein schönes Gefühl das
doch ist, von jemand anders die Haare gewaschen zu bekommen,
findet er. Er schließt die Augen.

„Luxus", seufzt Uroma. „Meine allerletzte Haarwäsche", wendet
sie sich an Torill, die Uroma gut kennt. Die Friseurin hat von Uromas Plänen gehört. Aber reden kann sie nicht darüber, dafür ist
das zu traurig, findet sie. Torill massiert Shampoo in Uromas graues
Haar.

Mikael hört die Türglocke des Salons bimmeln. Das Lehrmädchen geht, um die neue Kundin in Empfang zu nehmen. Uroma ist
anscheinend eingeschlafen, denn sie schnarcht leise, wie Mikael
hört. Friseurin Torill spült Uromas Haare ein weiteres Mal aus und
wirft Mikael ein verschmitztes Lächeln zu.

„Sie ist bestimmt müde. Es gibt viel zu tun, wenn jemand
stirbt", erklärt Mikael Torill. „Uroma war in der letzten Zeit schwer

beschäftigt. Sie hat sich sogar zum Üben in den Sarg gelegt. Hoffentlich stirbt sie nicht schon hier", fährt er gedankenverloren fort und guckt besorgt zu Uroma hinüber. Torill ist offenbar so entsetzt von dem Gedanken, dass Uroma unter ihren Händen sterben könnte, dass sie anfängt, panisch mit den Armen herumzuwedeln. Das Wasser der Handbrause entwickelt ein Eigenleben, sodass eine alte Frau in grauem Rock und weißer Bluse, die gerade hereinkommt, in die Schusslinie gerät und eine Dusche abbekommt.

„Hilfe, Hilfe!", schreit sie. Mikael kann nicht anders, er muss lachen. Er lacht so sehr, dass das Handtuch um seine Schultern ins Rutschen gerät.

Uroma wacht wegen des Spektakels um sie herum auf. Sie sieht genauso erschrocken aus wie die Frau, die im Türrahmen steht.

Der Friseurin gelingt es wieder, sich zu fassen. Sie dreht den Wasserhahn zu und muss nun auch lachen.

„Entschuldigen Sie! Wie gut, dass Ihnen gleich noch die Haare gewaschen werden und sie keine frisch gelegte Dauerwelle hatten", sagt sie schnell zu der Frau, die auf einem Stuhl Platz nimmt. Aus ihrem Haar rinnt Wasser. Sie sieht mächtig verärgert aus, findet Mikael. Die Frau wirft einen Blick auf Uroma, der in dem Moment ein Handtuch um den Kopf gewickelt wird.

„Ach, du bist das! Das hätte ich mir ja denken können. Dann ist es wohl auch deine Schuld, dass ich wie eine ertrunkene Katze aussehe", gibt sie übel gelaunt von sich.

Mikael lässt seinen Blick von der Frau zu Uroma wandern.

„Das ist ja wieder mal typisch, gleich mir die Schuld in die Schuhe zu schieben", entgegnet Uroma prompt vom Waschbecken. Die beiden scheinen sich zu kennen. Es hört sich so an, als seien sie erbitterte Feinde, die am liebsten jeden Moment aufeinander losgehen würden. Mikael und Torill wechseln einen Blick und schütteln die Köpfe.

„Du schuldest mir übrigens noch eine Packung Kaffee, exklusiven Kaffee. Vergesslich bist du also auch!", giftet die Frau zurück.

„Eigentlich dürftest du den nie im Leben wiederbekommen, so viel, wie du mir schuldest!" Uroma ist außerordentlich wütend. Mikael spürt die spitzen Worte der beiden Frauen wie Pfeile an sich vorbeisausen.

„Vielleicht können wir unsere Haare ja in dem anderen Raum trocknen lassen, bevor wir aufbrechen? Du willst daheim doch noch trainieren, Uroma", schaltet Mikael sich ein, um dem hässlichen Streit ein Ende zu bereiten. Wer weiß, wohin das sonst noch führen mochte.

„Was trainierst du denn?", spuckt die Frau Uroma ins Gesicht. „Seniorensport in der Greisenliga?" Sie kann sich nicht mehr zu Uroma umdrehen, weil das Lehrmädchen jetzt angefangen hat, ihr die Haare zu waschen. Das Mädchen ist knallrot im Gesicht. Bestimmt muss sie sich das Lachen verbeißen, denkt Mikael.

„Das ausgerechnet dir zu verraten, würde mir im Traum nicht einfallen!", keift Uroma zurück. „Du könntest übrigens auch ein bisschen Training vertragen, so wabbelig wie du bist, du Fischpudding!" Ja, Uroma ist definitiv wütend.

Mikael steht von seinem Stuhl auf. Er findet, dass das langsam wirklich widerwärtige Ausmaße annimmt, und verkrümelt sich in den angrenzenden Raum. Dort sitzen viele Kunden. Eine Kundin hat Silberpapier im Haar, einer anderen werden die Haare geschnitten und ein Mann bekommt ein Piercing. Uroma folgt Mikael, sie schnaubt und setzt sich auf einen freien Stuhl am Ausgang.

„Ich kann den Anblick dieser Giftspritze da drinnen nicht länger ertragen", flüstert sie Mikael zu. Torill tritt hinter Uroma, löst das Handtuch und fängt an, Uromas schütteres Haar zu kämmen.

„Die Wechselfälle des Lebens, Uroma?", fragt Torill und zieht den Kamm durch Uromas Haare. Mikael hat sich eine Bürste genommen und bürstet sein Haar selbst.

„Treffer!", antwortet Uroma. „Sie hat mir vor langer Zeit einmal Ärger gemacht. Aber das ist es nicht allein. Ich habe da ein Geheimnis – eine Sache, die ich bereue, und die hat mit ihr zu tun."

„Ist das das andere Geheimnis, von dem du gesprochen hast, Uroma? Als du mir das von Arild erzählt hast?", will Mikael wissen.

Er bürstet sein Haar zu einer schönen Welle, weiß aber genau, dass es sich nach dem Trocknen wieder in die falsche Richtung locken wird. Das tut es immer.

„Du hast den Nagel auf den Kopf getroffen, Mikael", antwortet sie. Mikael wartet und sieht Uroma an, weil er hofft, dass sie ihm jetzt vielleicht mehr verrät.

„Aber ich will hier nicht darüber reden. Ich habe dir gesagt, dass du es noch erfährst, und das wirst du. Ganz bestimmt“, sagt sie.

„So langsam werde ich auch neugierig“, meldet sich Torill lachend zu Wort und schaltet den Föhn ein.

Es ist traurig, Uroma heute zu verabschieden, findet sie. Uroma umarmt sie fest und dankt ihr für die unzähligen schönen Haarwäschen, die sie im Laufe der Zeit genießen durfte. „Schauen Sie wieder vorbei, wenn das mit dem Sie-wissen-schon-was nicht so läuft wie geplant“, sagt Torill und winkt zum Abschied.

„Ich wusste gar nicht, dass du so gut streiten kannst“, sagt Mikael auf dem Nachhauseweg im Auto zu ihr. „Ihr seid euch ja richtig in die Haare geraten.“ Er guckt Uroma an. Sie macht heftige, nickende Kopfbewegungen.

„Diese Frau macht mich wahnsinnig, Mikael. Und ja, da hast du ganz recht, viel hätte nicht gefehlt und wir wären uns an die Gurgel gegangen – so wütend bin ich auf sie. Stinkwütend! Nur ist so ein Friseursalon ein schrecklich ungeeigneter Austragungsort für einen Streit. Ich soll den Kaffee nicht vergessen, den exklusiven Kaffee!“, äfft sie die Frau nach, während sie auf den Hof fährt.

„Seid ihr schon lange zerstritten?“, fragt Mikael und hilft Uroma beim Tragen der Einkäufe, die sie vor dem Friseurtermin besorgt hatten.

„Ja. Seitdem etwas Unverzeihliches passiert ist“, antwortet Uroma und schließt die Haustür auf. Sie hält sie offen, damit Mikael die drei großen Einkaufstüten in die Küche tragen kann. „Erzählst du mir jetzt, was du bereust? Bitte", sagt er und guckt sie an. Er schlüpft schnell in den Flur und eilt dann weiter in die Küche.

„Nicht jetzt, mein Junge, nicht jetzt. Aber ich werde dir etwas anderes erzählen – etwas, das ich dir schon gestern nach unserem U-Boot-Ausflug sagen wollte." Uroma lächelt ihm zu. Sie ist wirklich fürchterlich stur!

Uroma geht in ihr Schlafzimmer und kommt mit einem Bild zurück. Dann bittet sie Mikael, sich zu ihr auf die Küchenbank zu setzen.

„Den hab ich schon mal gesehen", sagt Mikael. Das Foto zeigt einen Mann in einer blauen Uniform. Die Aufnahme hängt sonst immer an Uromas Schlafzimmerwand.

„Guck dir die Uniform mal genauer an, Mikael. Erkennst du sie wieder?", fragt sie und sieht ihn gespannt an. Mikael wirft einen Blick auf das Foto, bevor er nickt. Und ob er sie wiedererkennt! Eine blaue Uniform mit ’ner Menge Gold auf den Schultern. Ob er auch bei der Marine war, so wie die Besatzung des U-Boots?

„Das war mein erster Mann, Mikael. Er starb, als ich schwanger war. Er war Navigationsoffizier, genau wie Ole-Kristian. Stell dir das vor! Den Tauchgang gestern hätte ich eigentlich als frisch Vermählte machen sollen, sozusagen als Hochzeitsreise", erklärt Uroma.

„So lange hast du auf diese Fahrt gewartet? Und ich durfte mit?", sagt Mikael leise. „Hast du gestern viel an ihn denken müssen?"

„Ab und zu", sie lächelt, „aber es waren schöne Erinnerungen.

175

Und immer, wenn ich eine Krähe sehe oder davon rede, muss ich auch an ihn denken – meinen ersten Mann." Uroma zeigt auf das Foto. „Die Krähe war ‚unser' Vogel. Als wir uns das erste Mal geküsst haben, hat uns eine Krähe dabei zugesehen. Seitdem hat dieser Vogel eine besondere Bedeutung für mich, weißt du."

Das versteht Mikael nur zu gut. Das ist so ähnlich, wie wenn er einen Slush trinkt – dann wird er von jetzt an auch immer an Signe denken müssen. Das Mädchen in Rot mit dem rosa Slush.

„Möchtest du deshalb, dass eine Krähe auf deiner Todesanzeige abgebildet wird?", fragt Mikael.

„Du hast es erraten", antwortet sie.

Uroma steht auf, geht ins Wohnzimmer, um etwas zu holen, und bittet Mikael, sich nicht vom Fleck zu rühren. Als sie wiederkommt, hält sie ein hübsches kleines Kästchen in der Hand.

„Sieh mal, Mikael. Das möchte ich dir schenken – ein Kästchen mit guten Erinnerungen. Es enthält Fotos und Briefe, die ich dir für die Zeit nach meinem Tod geschrieben habe. Darin steht, was ich dir für deine Zukunft wünsche. Die kannst du immer dann lesen, wenn du mich vermisst", sagt sie und stellt das Kästchen vor ihn hin.

„Aber warte, bis die Beerdigung vorbei ist, bevor du es öffnest, okay?" Uroma streicht ihm sanft übers Haar.

Mikael guckt sie an und bedankt sich. Ein Kästchen mit guten Erinnerungen. Typisch Uroma, denkt er erheitert.

Vorbereitungen für den großen Tag

Heute ist ein großes Foto von Uroma, Haugen und Mikael in der Zeitung. Es füllt die halbe Titelseite. Mikael lacht und zeigt darauf.

„Guck mal, wie aufgeregt ich da aussehe!"

Uroma schmunzelt.

„UROMA TAUCHT AB!", ist in fett gedruckten Buchstaben zu lesen. Haugen steht stramm neben ihr und lächelt verkrampft in die Kamera. Mikael liest laut vor, was auf Seite 3 steht: von Uromas Wunsch und den norwegischen Streitkräften, die Zivilpersonen solche schönen Abenteuer ermöglichen.

„Nur gut, dass die Frau von der Zeitung nicht mit an Bord war. Die hätte mit Haugens Abenteuern gleich ein ganzes Buch füllen können." Uromas Mundwinkel zucken. Sie hat heute schon mit Haugen gesprochen und sich dafür bedankt, dass er den Ausflug arrangiert hat. Ihm geht's wieder prächtig.

Mikael darf die Zeitung zur Erinnerung behalten. Er geht ins Schlafzimmer hoch und legt sie in seinen Koffer. Bisher war er nur einmal in der Lokalzeitung – damals, als er mit ein paar Freunden Geld für notleidende Kinder gesammelt hatte. Wenn seine Klassenkameraden das sehen!

Heute ist er zusammen mit Uroma aufgestanden. Ziemlich früh, fand er. Aber sie mussten ja auch noch alles für den Flohmarkt am Nachmittag zusammenstellen: alte Bilder, Blumentöpfe, Stiefeletten, Schuhe, Bettlaken, Töpfe, Kerzenleuchter (bis auf zwei, die sie beim Sterben braucht), Körbe, Tassen und Wannen. Drei Packungen Wäscheklammern, die sie vor ein paar Jahren im Ausverkauf erstanden hat, Bastkörbe mit unbenutzten Korken für ihren selbst hergestellten Wein, Wollstrumpfhosen, zwei alte Anoraks, lustige Mützen, Sonnenbrillen, drei Paar Skier und mehr.

„Die Reste eines irdischen Lebens", hatte Uroma gesagt, als sie sich im Zelt umgesehen hatte. Mikael findet, dass es richtig gemütlich geworden ist. Eng, aber gemütlich. Die bunten Kleider, aus denen sich das Zelt zusammensetzt, leuchten wie fröhliche, farbige Lichter. So als ob sie in einem fremden Land auf einem Basar wären.

Jetzt trainiert Uroma wieder im Sarg. Mikael guckt auf die Uhr. Zwanzig Minuten ohne Quengelei – das ist Rekord! Er hört Uroma leise ein- und ausatmen. Da klingelt das Telefon.

„Ich gehe ran, trainier du bloß weiter", sagt er schnell, nachdem er ihr einen Blick zugeworfen und gesehen hat, dass sie unruhig wurde.

Der Anrufer wünscht, die älteste Person des Haushaltes zu sprechen.

„Das ist Uroma. Sie ist aber gerade beschäftigt", antwortet er und klingt bestimmt. Die Stimme in der Leitung erkundigt sich, wann er sie wegen einer Telefonumfrage sprechen könne.

Uroma hebt den Kopf und will wissen, wer dran ist. Mikael nimmt den Hörer vom Ohr und wiederholt das, was der Mann gesagt hat.

„Für so 'nen Quatsch bin ich viel zu beschäftigt. Sag ihm, dass ich noch lange beschäftigt sein werde – auf immer und ewig, um genau zu sein", antwortet Uroma, legt sich wieder hin, schließt die Augen und atmet tief ein.

Mikael nickt und führt den Hörer wieder zum Ohr.

„Hallo. Sind Sie noch da?", fragt Mikael.

„Ja, bin ich. Also, wann passt es?", sagt die Stimme mit einem drängenden Unterton.

„Für so etwas ist sie momentan viel zu beschäftigt. Sie liegt im Sarg und übt das Sterben. Und bald wird sie auf immer und ewig beschäftigt sein", antwortet Mikael geradeheraus.

Es dauert vielleicht ein, zwei Sekunden, dann hat der Mann aufgelegt.

„Ich glaube nicht, dass er sich noch mal melden wird", sagt Mikael und hockt sich neben Uromas Sarg auf den Boden.

Uroma setzt sich auf. Sie sieht müde aus, findet er. Das Training scheint Früchte zu tragen. Uroma gähnt.

„Kaffee! Ich glaube, ich brauch jetzt 'nen Kaffee", sagt sie und gähnt erneut. Mikael hilft ihr aus dem Sarg.

„Das hast du super gemacht, Uroma. Dein Training heute war

das beste bislang", lobt er und guckt Uroma an, die sich eine Tasse Kaffee und einen Keks geholt hat.

„Ganz deiner Meinung, das war eine prima Trainingsrunde. Wenn ich weiterhin so müde dabei werde, wird das wie im Schlaf gehen. So erschöpft, wie ich mich heute fühle, scheint schon so manches in mir seinen Geist aufgegeben zu haben." Sie gähnt von Neuem und fragt Mikael, wie viel Zeit sie noch haben, bis der Flohmarkt anfängt.

„Etwas mehr als zwei Stunden", antwortet er fix und fragt, ob sie nicht auch Kaffee und Kuchen oder Saft verkaufen sollten.

„Eine gute Idee, Mikael. Aber haben wir noch genug Tassen und Servietten dafür? Es ist doch alles im Zelt", gibt Uroma zu bedenken.

Mikael steht auf, geht ins Wohnzimmer und sieht im Eckschrank nach.

„Hier sind noch ein paar kleine Tassen mit Goldrand. Können wir die dafür nehmen? Das ist doch bestimmt dein gutes Porzellan!", ruft er zu Uroma hinüber.

„Na klar, es wird ja langsam Zeit, dass das gebraucht wird. Das nehmen wir, Mikael!", ruft sie. Kurz darauf sind Schritte zu hören und es wird kräftig an die Tür geklopft.

„Hallo, hallo! Ich bin's. Wollte nur rechtzeitig ein paar Dinge für die Feier vorbeibringen."

„Deine neue Freundin", schaltet Mikael augenblicklich und macht auf. Und ganz richtig – draußen steht Ingrid mit einer großen Tasche in der Hand. Mikael mustert sie. Irgendetwas an ihr ist anders, er kann nur nicht sagen, was.

„Moin, Mikael", sagt sie ganz außer Atem.

Mikael hilft ihr, die Tasche in die Küche zu tragen.

Mikael kann sich nicht daran erinnern, dass es Uroma jemals so die Sprache verschlagen hätte. Sie zeigt auf Ingrid, zeigt auf ihren Kopf.

Da sieht Mikael, was anders an ihr ist – der neue weiße Helm. Und eine andere Form hat er auch. So einen hat Mikael bisher nur bei Sportübertragungen im Fernsehen gesehen. Er sieht gelinde gesagt merkwürdig aus – wie eine weiße Avocadohälfte schmiegt er sich an Ingrids Kopf, reicht bis über die Stirn und läuft im Nacken spitz aus.

„Damit habe ich sogar meinen bisherigen Rekord gebrochen, vier Minuten schneller als beim letzten Mal", sagt sie freudestrahlend. „Ihr hättet mich sehen sollen. Ein Riesenspaß!" Sie klopft gegen den Helm.

Ingrid erzählt ihnen, dass Knut ihr letztens den Helm gekauft hatte, als er in der Stadt war – nachdem der alte Helm so entsetzlich festgesessen hatte.

„Ach, das hab ich ganz vergessen zu fragen – wie hast du ihn überhaupt wieder abbekommen?" Uroma lacht.

„Das war vielleicht ein Theater! Knut hat auf zig Arten versucht, ihn abzukriegen, aber er saß bombenfest."

Mikael kann sich das Schauspiel nur zu gut vorstellen.

„Bist du denn mit dem Helm in die Kirche gegangen?", fragt er.

„Es blieb mir nichts anderes übrig. Ich habe mich an die Orgel geschlichen", antwortet sie schnell. „Hab aber zweimal falsch gespielt. Ich konnte ja nicht zur Seite gucken." Ingrid nimmt neben Uroma Platz und schüttelt leicht ihren Kopf. „Als ich von der Orgelempore runtergehen wollte, beziehungsweise mich wieder aus der Kirche schleichen wollte, habe ich mir den Kopf gestoßen und dadurch hat sich der Helm endlich gelöst." Ingrid lacht.

Uroma schenkt ihr ungefragt Kaffee ein.

Während Uroma und Ingrid Kaffee trinken, sieht Mikael ein letztes Mal im Zelt nach, ob alles für den Nachlassverkauf bereit ist.

Was, wenn keiner kommt, um etwas zu kaufen? Ach was – es werden schon welche kommen. Mama und Papa zum Beispiel haben es versprochen. Und Signe und ihre Mutter auch. Er fühlt sich fast so wie damals, als er mit seinen Eltern zum Weihnachtsbaumfest in der Schule war. Alle hatten etwas zu essen mitgebracht, aber Mikael hatte immer nur das gegessen, was seine Eltern zubereitet hatten. Weil er Angst hatte, dass das den anderen Kindern nicht schmecken könnte.

Als er wieder in die Küche kommt, hat Uroma Hefebrötchen aus dem Gefrierschrank genommen und Ingrid einen Haufen Luftballons in einen kleinen Korb gelegt.

„Soll ich sie jetzt schon aufblasen?", fragt Mikael.

Sie schüttelt den Kopf.

„Die verteilen wir, sodass jeder, der kommt, ein paar aufblasen und in den Himmel steigen lassen kann", antwortet sie.

Na, die reichen auf alle Fälle auch noch für den Leichenwagen, den Uroma mit Ballons geschmückt haben möchte, denkt Mikael, als er sich den Haufen Ballons so ansieht.

Ingrid, Uroma und Mikael kümmern sich um die letzten Dinge, sodass der Verkauf losgehen kann. Mikael holt Saft und Uroma legt die kurz im Ofen erwärmten Hefebrötchen in eine große Schale.

„Spätestens, wenn sie im Magen landen", antwortet sie auf Mikaels Frage, ob sie noch rechtzeitig vor dem Beginn des Flohmarkts ganz auftauen werden. In dem Moment hört Mikael ein Auto, das sich wie das von Papa anhört, und läuft hinaus, um die ersten Gäste zu begrüßen.

Er hat seine Eltern gerade erst umarmt, als er Signe und ihre Mutter die Straße heraufkommen sieht. Signe in ihrer roten Jacke! Mikael winkt zur Begrüßung.

Uromas Nachlassverkauf hat begonnen!

Uroma und Ingrid kommen beide mit einer zusammengerollten Zeitung in der Hand vor die Tür, bleiben aber auf der Treppe stehen. Uroma hebt ihre wie eine Sprechtüte an den Mund.

„Ich heiße die ersten Gäste zu unserem Flohmarkt herzlich willkommen!", trötet sie. „Es gibt halb aufgetaute Hefebrötchen mit Erdbeermarmelade." Uroma lässt die Zeitung wieder sinken.

Jetzt ist Ingrid an der Reihe: „Wir haben auch Kaffee und Saft im Angebot! Außerdem dürfen wir uns auf ein Happening freuen. Am Ende des Tages ist es so weit!"

Signe und ihre Mutter schlendern auf sie zu, um Hallo zu sagen. Mikael beeilt sich, seinen Eltern zu erzählen, dass die beiden nach Uromas Tod das Haus mieten werden. Während sie sich miteinander unterhalten, fahren zwei fremde Autos die Straße hoch. Papa zeigt den Leuten, wo sie parken können.

„Sind wir hier richtig beim Nachlassverkauf?", fragt eine Frau aus dem Auto.

„Ja, er hat gerade angefangen", antwortet Mikael und zeigt zum Kleiderzelt.

„Bist du mit der Verstorbenen bekannt?", fragt die Frau mit einem mitfühlenden Ausdruck in den Augen.

„Sie wird erst morgen um fünf sterben", antwortet Mikael. „Die Frau da drüben, die im Zelt Kaffee ausschenkt", ergänzt er und zeigt auf Uroma. Sie hat sich inzwischen eine Schürze übergestreift.

Innerhalb von zehn Minuten wimmelt es auf dem Hof nur so von Menschen. Das reicht jetzt aber auch, denkt Mikael.

Ingrid, Mama und Papa stehen im Zelteingang und reden. Ingrid hat ein paar Stiefel gefunden, die sie haben möchte. Mama und Papa haben gleich bei ihrer Ankunft gesagt, dass sie gerne ein bisschen Geld fürs Vogelfutter spenden wollten, aber nichts kaufen würden, weil sie alles, was sie brauchen, zu Hause haben. Mikael geht zu Signe, die sich mit einem Brötchen in der Hand auf die Außentreppe gesetzt hat.

„Ist es inzwischen aufgetaut?", fragt Mikael. Er mustert das Brötchen und setzt sich neben sie. Sein Blick wandert über die Menschenmenge. Das müssen mindestens fünfzehn sein!

„Fast", Signe lacht. „Du hast die süßeste Uroma von der Welt, Mikael. Genauso süß wie ein Slush." Signe guckt ihn wieder an.

Mikael nickt. „Sie ist klasse. Und lieb ist sie auch", antwortet er und guckt seinerseits Signe an.

„Du Armer – wenn sie stirbt …", sagt sie leise.

Mikael sieht sie an und merkt, dass ihre Worte etwas in ihm bewirken. Du Armer. Darüber hat er noch gar nicht so viel nachgedacht. Bis jetzt.

Er ist wirklich arm dran. Bald hat er keine Uroma mehr, kann sie nicht mehr besuchen, wird nie mehr von ihr umarmt – so wie er auch sie nicht mehr umarmen kann. Arm dran, weil er keine Uroma mehr haben wird, der alle möglichen verrückten Sachen einfallen.

„Ja", sagt er leise. Mikael merkt, dass ihm zum Heulen ist. Schnell steht er auf und geht hinters Haus. Signe folgt ihm.

„Du darfst ruhig weinen, Mikael", sagt sie.

Mikael kann sich auch gar nicht dagegen wehren. Er ist furchtbar traurig. Er weint und wird von dem Mädchen in der roten Jacke getröstet.

„Hallo, hallo, zusammen! Eine Nachricht an alle, die zu unserem Flohmarkt gekommen sind – der Kaffee und der Saft sind alle. Es ist so viel Geld zusammengekommen, dass das Futter für meine

Vögel auf Jahre gesichert ist. Vielen Dank an alle Spender und an die, die mit Freuden gekauft haben! Jetzt möchte Ingrid, meine neue dänische Freundin, noch etwas sagen", hören sie Uroma durch die Sprechtüte rufen.

Mikael trocknet sich das Gesicht. Signe tätschelt seinen Arm und Mikael geht durch den Kopf, dass es das erste Mal war, dass ein Mädchen ihn weinen gesehen hat. Und es war ihm gar nicht peinlich. „Sieht man, dass ich geweint habe?", fragt er.

Signe mustert ihn und schüttelt dann den Kopf.

„Es sieht nur so aus, als ob du Sand in die Augen bekommen und sie etwas mehr als sonst gerieben hättest", lächelt sie. Gemeinsam schlendern sie ums Haus auf den Hof.

Uroma und Ingrid haben alle Besucher vor dem Zelt zusammengetrommelt. Ingrid hat den Korb mit Luftballons in der Hand. Mikael hält nach seinen Eltern Ausschau. Sie stehen ein Stückchen weiter hinten. Er geht mit Signe zu ihnen hinüber.

„Was kommt denn jetzt?", will er wissen. In dem Moment sieht er, wie Ingrid ihre Sprechtüte an den Mund hebt.

„Nun ist es so weit – das Happening!", ruft sie wie eine Zirkusdirektorin. „Heute wollen wir etwas phänomenal, genial, supidupi Lustiges machen!" Sie tänzelt um Mikael herum, sodass er nicht anders als lächeln kann.

„Am Himmel. Am Himmel gibt es so viel!", fährt Ingrid fort. „Wolken, aber auch Satelliten, Flugzeuge mit Bomben und anderen Mist. Wir aber werden von dieser kleinen Stadt aus den Him-

186

mel mit guten Wünschen überschwemmen! In diesem Korb befinden sich ein paar phänomenale, geniale Luftballons. Kommt alle her und holt euch vier, fünf Ballons. Danach erkläre ich, wie es geht!", ruft sie und hebt den Korb in die Luft.

Mikael sieht, dass Ingrid ihr Handy aus der Hosentasche nimmt und eine Nummer wählt.

Er guckt zu seinen Eltern hinüber. Sie nicken ihm auffordernd zu. Vielleicht trauen sie sich ja nicht, die Ersten zu sein? Gemeinsam mit Signe geht er hin. Dann folgen andere ihrem Beispiel, weil sie dabei sein wollen, auch wenn sie offenkundig denken, dass die ganze Sache etwas seltsam ist.

„Haben alle welche? Das ist gut", sagt Ingrid und teilt welche an Uroma aus.

„Und jetzt sollt ihr die Luftballons mit guten Wünschen füllen. Wünsche für euch selbst oder für andere. Nur eines ist nicht erlaubt: traurige, wütende oder böse Wünsche zu senden. Davon ist der Himmel schon voll genug!" Sie lächelt und guckt Uroma an.

„Hier vorn liegen Bindfäden. Damit sollen alle Ballons zusammengebunden werden", fährt sie fort.

Mikaels Blick bleibt an einem alten Mann hängen, der direkt neben Signes Mutter steht. Er schüttelt den Kopf über das, was da von ihm verlangt wird. Dann aber stellt er die Tassen und Servietten ab, die er von Uroma gekauft hat, hebt einen Ballon zum Mund und denkt einen Augenblick nach, bevor er ihn aufbläst.

Mikael überlegt, womit er seinen ersten Luftballon füllen soll. Er guckt Signe an – und sie ihn. So wie damals im Café. Dann fängt er an zu pusten.

Mikael lacht laut auf, als er einen Ballon Furzlaute von sich geben hört. Er dreht sich um und sieht, dass es der Ballon des alten Mannes ist. Und Mikael hat nicht als Einziger das Geräusch gehört, denn jetzt stimmen alle ein. Selbst der alte Mann schüttelt sich vor Lachen. So viel Gelächter und so viele fremde Menschen hat er noch nie auf Uromas Hof erlebt.

Mikael fällt auf, dass Ingrid erneut telefoniert. Dann ergreift sie wieder das Wort.

„Hallo, hallo noch mal! Alle Platz machen, bitte, jetzt kommt Knut!", ruft sie.

Im selben Moment hören sie ein Auto auf den Hof fahren. Alle treten ein paar Schritte zurück. Der Wagen kommt direkt vor Ingrid und Uroma zum Stehen. Knut in seiner Strickjacke schält sich aus dem Auto. Er hebt die Hand zur Begrüßung und tritt hinter den Wagen, um den Kofferraum zu öffnen. Dann hebt er eine große Flasche und einen riesigen pinkfarbenen Luftballon aus dem Wagen.

„Helium", flüstert Papa Mikael und Signe zu.

Plötzlich geht alles ganz schnell. Alle werden gebeten, Bindfäden an ihre Luftballons zu knüpfen. Danach sollen diese Ballons an einer langen Schnur befestigt werden, die Knut mitgebracht hat. Papa geht auf ihn zu, um ihm zu assistieren. Er hält den riesigen pinkfarbenen Ballon fest, während Knut ihn mit dem Gas füllt. Kurz darauf ist es so weit.

„Seid ihr bereit?", ruft Uroma.

Keine Antwort.

„Ob ihr bereit seid, Leute?", brüllt Uroma erneut.

„Jaaa!", schreien alle im Chor.

„Das ist toll, supertoll!", johlt Ingrid.

„Dann können wir die Ballons jetzt loslassen. Der Countdown läuft!" Ingrid hebt die Hand, um den anderen zu signalisieren, dass sie mitzählen sollen.

„Zehn, neun, acht, sieben, sechs, fünf, vier, dreieinhalb, drei, zwei!", sagt sie langsam, bevor sie brüllt: „Eins! Und loslassen!"

Die Luftballons tanzen vom Hof in den Himmel – Ballons voller guter Wünsche! Zuerst ein riesiger pinkfarbener Ballon – darunter Luftballons in allen Formen und Farben.

Mikael versucht, seinen Ballons mit dem Blick zu folgen. Die Luftballons schweben in den Himmel, sie sehen fröhlich aus. Ingrid und Uroma stehen auf der Treppe und sehen selbst wie zwei fröhliche Ballons aus – der eine lang und dünn, der andere klein und rund.

Auf dem Hof wird es still.

„Womit hast du deine Luftballons gefüllt?", will Signe wissen, als sie die Ballons nicht mehr sehen können. Mikael schüttelt den Kopf. Das will er nicht sagen.

„Und du?", fragt er zurück. Wird sie etwa rot?

„Ich will's auch nicht sagen", sagt sie und lächelt ihm zu.

Mama und Papa helfen beim Aufräumen. Viel ist nicht übrig geblieben – ein paar unbenutzte Weinkorken, ein Paar Schuhe und zwei Becher.

„Prima, wie das gelaufen ist. Jetzt müsst ihr nach meinem Tod nicht mehr so viel entrümpeln", sagt Uroma laut. Sie zählt das eingenommene Geld.

„Hört mal alle her! Wir haben 920 Kronen fürs Vogelfutter zusammenbekommen. Das ist spitze!" Uroma legt das Geld in eine kleine Schachtel.

Ingrid applaudiert und fängt an, die Kaffeetassen und Saftbecher einzusammeln, die neben dem Zelt stehen.

Mikael kommt zurück, nachdem er Signe und ihre Mutter noch ein Stück die Straße hinunterbegleitet hat. Sie haben abgemacht, sich wiederzusehen. Mikael hat Signes Handynummer bekommen und will ihr eine SMS schicken, wenn er Zeit hat. Seine Eltern sind am Aufbrechen.

„Vielleicht möchtest du ja mit uns kommen und heute Nacht zu Hause schlafen?", fragt Papa Mikael. Mikael lehnt ab.

„Nein. Ich werde morgen nach Uromas Tod sowieso nach Hause kommen. Den letzten Tag möchte ich auch noch miterleben", antwortet er. „War das nicht eine lustige Idee? Die Ballons mit den guten Wünschen? Finde ich jedenfalls." Mama will wissen, was er sich denn gewünscht hat. Mikael lacht – das wird er ganz bestimmt niemandem verraten!

Nachdem alle fort sind, finden Mikael und Uroma sich in der Küche ein. Uroma bügelt den Kissenbezug für ihren Sarg. Er ist alt und von Spitze eingefasst. Uroma bügelt die Ecken fein säuberlich glatt und widmet ihre Aufmerksamkeit besonders den Rändern, damit sie nicht abstehen.

„Willst du auch die Decke für den Sarg frisch beziehen?", fragt Mikael.

Uroma nickt.

„Der schöne alte, weiße Bezug, den ich auf den Kleiderschrank gelegt habe, ist schon gewaschen und liegt bereit. Kannst du ihn bitte holen, Mikael?"

Er erhebt sich von der Küchenbank und ist schon auf dem halben Weg ins Schlafzimmer, als er hört, dass Uroma ihn darum bittet, auch gleich das Laken mitzubringen. Es liege auf dem obersten Brett im Kleiderschrank.

„Glaubst du, dass nach dem Tod noch irgendetwas kommt, Uroma?", fragt er, als er wieder unten ist.

Uroma lächelt. Sie bügelt weiter und antwortet: „Ich hab da mein eigenes kleines Glaubenspäckchen, das ich für mich behalten möchte, Mikael. Das will ich mit niemandem teilen."

Sie gehen ins Wohnzimmer, wo Mikael das alte Kissen und die Zudecke wegnimmt, die nach Uromas Training im Sarg liegen geblieben sind.

Mikael hilft ihr, das Laken hineinzulegen. Unten im Sarg ist bereits der Filzteppich, sodass Uroma weich liegen kann.

„Als ich jung war, war es ganz normal, dass die Leute zu Hause starben", erklärt sie, während sie den Sarg fertig machen.

Wie Uroma Mikael schon häufiger erzählt hat, hat sie den Tod ihrer Eltern miterlebt.

„Damals war es sogar üblich, die Toten nach ihrem Ableben noch ein paar Tage zu Hause zu behalten. Aufbahren hieß das in alten Zeiten." Sie zieht den Bettbezug über eine warme und kuschelige Decke.

„Möchtest du aufgebahrt oder wegtransportiert werden?", fragt Mikael und rückt den Schemel zurecht, den Uroma an den Füßen haben möchte.

„Von mir aus würde ich gerne ein paar Tage hier liegen bleiben, aber Roars Begräbnisinstitut wird mich bestimmt wegfahren müssen – wenn auch mit einem ballongeschmückten Auto. In irgendeinen kalten Wartesaal, bis ich unter die Erde komme", fährt Uroma lächelnd fort und guckt auf den Sarg hinab.

„Wie schön der Sarg geworden ist! Siehst du das, Mikael?" Uroma greift nach seiner Hand und drückt sie leicht.

Der Händedruck, denkt er. Ihr Zeichen! Das hatte er beinahe vergessen – das Zeichen, das Uroma ihm immer gegeben hat. Er erinnert sich daran, wie das war, als er klein war und sie zusammen losgezogen waren. Immer wenn sie etwas besonders Schönes erlebt hatten, von dem niemand außer ihnen wusste, hatte sie ihm einen kleinen, festen Händedruck gegeben. Hatte nichts gesagt, nur seine Hand gedrückt. Typisch Uroma.

„Schlicht und schön. Noch ein paar Blumen und Kerzen, dann ist alles fertig", sagt er und drückt auch kurz ihre Hand.

Gemeinsam reißen sie den vorletzten Zettel ab – morgen ist der 14. September.

Abschied

Mikael weiß nicht, wie spät es ist, als er davon wach wird, dass unten an die Haustür geklopft wird. Er dreht sich zu Uromas Bett um. Es ist leer. Er hört, wie sie von der Küche in den Flur geht und jemanden hereinlässt.

„Willkommen, leg doch ab! Kaffee ist fertig", hört er Uroma sagen.

Heute ist der große Tag – Uroma wird sterben! Mikael rekelt sich. Wie das wohl werden wird?, überlegt er. Er hofft jedenfalls, dass Uroma einen schönen Tod hat – sofern es ihr überhaupt gelingt zu sterben. Dann wandern seine Gedanken kurz zu Signe. Vielleicht sollte er ihr eine SMS schicken? Er streckt sich nach seinem Handy, das auf dem Nachttisch liegt. Sie ist bestimmt schon in der Schule.

Es war schön, dich gestern zu sehen. Mach's gut! Grüße, Mikael!, schreibt er und drückt auf „Senden". Noch bevor er sich ein zweites Mal rekeln kann, piept sein Handy.

Er sieht, dass die SMS von dem Mädchen in Rot stammt. **Hoffe, wir treffen uns bald wieder! Ich fand es auch schön, dich zu sehen. Grüße, Signe.** Darunter ist ein zwinkerndes Smiley.

Vielleicht können Signe und er ja Freunde werden? Diesen Wunsch hatte er gestern in seinen ersten Luftballon gepustet und zum Himmel geschickt. Mikael hört, dass weitere Leute eintreffen. Höchste Zeit aufzustehen.

Noch nie hat Mikael in Uromas Haus so viel zu tun gehabt wie heute. Ständig treffen neue Gäste ein. Noch bevor Mama und Papa kommen, ist das Wohnzimmer voll. Ein paar sitzen auch in der Küche und unterhalten sich leise.

Mikael holt Tassen und stellt Kuchen hin. Alle haben irgendetwas Leckeres zu essen mitgebracht. Ingrid, die schon frühzeitig gekommen war, hat sogar mehrere Kuchen gebacken. Sie hilft ihm bei der Bewirtung der Gäste. Jemand weint. Mikael findet es nicht so schlimm. Er musste gestern schließlich auch weinen – als Signe ihn so bemitleidete. Uroma sitzt auf dem Sofa und hält ihre Tochter im Arm. Sie sieht fast genauso alt wie Uroma aus, findet Mikael. Und miesepetrig, was aber auch daran liegen könnte, dass ihr Uromas Vorhaben nicht gefällt. Was er gut verstehen kann.

Mikael hat fast nicht mehr daran gedacht, dass es gleich so weit ist. Uroma und er haben sich ja lange über diesen Tag unterhalten. Irgendwie freut er sich auch, dass bald alles vorbei ist und er wieder zur Schule gehen kann. Er freut sich natürlich nicht darauf, dass Uroma stirbt, aber darauf, wieder zu Hause sein normales Leben aufnehmen zu können. Er hat beinahe vergessen, dass es so etwas wie Sportunterricht und Multiplikationsaufgaben mit Kommas gibt. Aber jetzt – jetzt, wo es so weit ist, ist ihm die Zeit fast ein bisschen zu schnell vergangen.

„Mensch, ich habe heute ja überhaupt nicht an meine Vögel gedacht, Mikael", sagt Uroma plötzlich, erhebt sich vom Sofa und eilt zum Küchenschrank, um die Dose mit Brotkrümeln zu holen.

Ingrid schneidet einen Kopenhagenerkringel auf und Mikael belegt noch ein paar Brötchen mit Käse. Uroma läuft gerade aus der Küche, als Mama und Papa hereinkommen. Mikael hat wegen der Geräuschkulisse um ihn herum noch nicht mal ihr Auto gehört. Mama hat auch einen Kuchen dabei. Einen Erdnusskuchen, sieht er, als sie sich begrüßen. Davon muss er unbedingt zwei Stück haben. Nachher, wenn alles vorbei ist, denkt er und umarmt sie. Papa hat heute sein bestes Hemd angezogen. Mama trägt einen roten Rock.

Alle haben sich fein gemacht, fällt ihm auf. Daran hat er gar nicht gedacht. Was soll er bloß anziehen? Mama muss Gedanken lesen können, weil sie ihm in dem Moment ein neues Hemd und eine neue Hose reicht, die sie für ihn gekauft hat.

„Danke", sagt er und belegt ein weiteres Brötchen. „Leg die Sachen einfach auf die Treppe zum Schlafzimmer, dann kann ich mich umziehen, wenn ich hier fertig bin", sagt er schnell und lächelt.

„Was für ein tüchtiger Helfer du bist, Mikael", lobt Papa. „Das wäre ja eigentlich meine Aufgabe gewesen. Wenn der heutige Tag erst mal vorbei ist, wird das schon seltsam sein – vielleicht sollte

196

ich auch frei fragen? Was mein Rektor wohl dazu sagen wird?" Er geht mit dem Teller ins Wohnzimmer.

Uroma hat sich mittlerweile von ihren Vögeln verabschiedet. Sie kommt wieder herein und klatscht in die Hände, damit alle ihr zuhören.

„Ihr Lieben!", setzt sie an. „Jetzt ist es bald so weit, dass ich mich zum Sterben in den Sarg lege. Ich habe bis zuletzt trainiert, nicht mehr einzuatmen. Ach ja, und mein Leichenhemd muss ich auch noch anziehen", murmelt sie vor sich hin. „Vielen Dank für euer Kommen und dafür, dass ihr die letzten Stunden meines Lebens mit mir gemeinsam verbracht habt."

Uromas Blick wandert von einem zum anderen – sie sieht alle an, die sich im Wohnzimmer versammelt haben. Manche sitzen auf dem Fußboden; auf dem Sofa haben sich vier Leute zusammengequetscht. Mikael öffnet das Fenster, um ein bisschen Frischluft hereinzulassen.

„Für euch", sie nickt Papa und ihrer Tochter zu, „meine allernächsten Verwandten, habe ich Kästchen mit Erinnerungen und guten Wünschen zusammengestellt, die euch durch euer weiteres Leben begleiten sollen. Ich habe auch eine kleine Rede geschrieben, hab sie aber vergessen. Im Augenblick habe ich nichts mehr zu sagen. Später folgt mehr", schließt sie hektisch, ruft nach Mikael und zieht ihn mit sich in die Küche.

„Irgendwas ist mir entfallen, aber ich weiß nicht, was", sagt sie schnell.

Uroma schwitzt. Mikael versucht sich zu erinnern, was das sein könnte, aber so auf die Schnelle fällt ihm nichts ein.

„Da war noch irgendwas, Mikael. Ich weiß, dass da noch was war!" Sie wirkt verzweifelt.

Mikael sagt, dass sie sich beruhigen soll.

„Hör zu, Uroma. Dein Haus ist voller Menschen, die gekommen sind, um dich sterben zu sehen. Keinen Stress jetzt, das ist wirklich nicht der richtige Zeitpunkt. In eineinhalb Stunden bist du tot. Da erinnerst du dich sowieso an nichts mehr", redet Mikael ernst auf sie ein.

„Danke, Mikael. Wie gut, dass es dich gibt! Und du hast sicher recht, mich wieder auf den Boden der Tatsachen zurückzuholen. Seltsam, wie konnte ich mich nur so aufregen! Es hat sich bestimmt nur um eine Lappalie gehandelt", sagt sie und geht ins Badezimmer, um sich umzuziehen.

Auch Mikael zieht seine neuen Kleider an.

Als sie wieder herunterkommen, herrscht Stille in Uromas Wohnzimmer – absolute Stille. Uroma trägt ihr Leichenhemd. Spätestens jetzt wird allen klar, dass sich für Uroma die Nacht nähert – die ewige Nacht.

Sie geht von einem zum anderen und umarmt jeden, bevor sie die Kerzen anzündet, die sie links und rechts vom Sarg aufgestellt hat. Sie bereitet sich vor. Zuerst möchte sie noch den Teil ihrer Rede halten, den sie nicht vergessen hat. Mikael macht es sich neben seinen Eltern auf dem Fußboden bequem.

„Ihr Lieben!

Habe über 92 Jahre das Leben durchschritten, mit kleinen Füßen und Schenkeln, den fitten."

Uroma lächelt Ingrid zu. Ingrid nickt, als ob sie schon jetzt überzeugt davon ist, dass das eine wunderbare Rede wird.

„Dem Leben auf Erden gilt mein großer Dank, all der Freude, die ich empfand, und meinem Bruder Frank." Uroma spricht bedächtig, aber das Reimen scheint ihr diesmal leichter von der Hand zu gehen.

„Du hattest doch gar keinen Bruder", meldet sich Uromas Tochter zu Wort.

„Psst! Ich reime. Da darf man die Dinge ein wenig ausschmücken. Künstlerische Freiheit!", erwidert Uroma schlagfertig.

Mikael schmunzelt und würde am liebsten laut lachen. Papa drückt ihn eng an sich.

„Ich danke dem Wetter, das mich glücklich gemacht, bei Regen und Wind bin ich gewandert durch die Nacht."

Uroma gerät kurz ins Stocken, vielleicht denkt sie, dass ihr der Reim nicht so ganz geglückt ist. Sie schließt die Augen und konzentriert sich auf den nächsten.

„Ich danke meinen Kindern, den lieben. Sie sind jetzt groß und machten mich stets zufrieden."

Uroma nickt und wirft Papa ein Lächeln zu.

„Ich danke den Männern, die ich versorgt' und von denen ihr stammt, trotzdem hätte ich noch mehr versor... heiraten können, verdammt!"

Uroma lässt ihren Blick über die Versammelten schweifen. Sie lächelt und nickt allen zu.

„Ich danke für die schönen und sorgenvollen Stunden, ohne sie hätte ich alles ganz eintönig empfunden.

Ihr und meine Vögel habt mir so viel gegeben, nun wünsch ich euch Gutes für das weitere Leben!"

Uroma verneigt sich. Sie ist fertig mit ihrer Abschiedsrede.

Ingrid ist die Erste, die aufsteht. Sie klatscht und ruft: „Hurra!" Nach und nach sind anscheinend alle der Meinung, dass die Rede überraschend gelungen war, und fallen ein. Mikael ist ganz stolz, wie gut Uroma heute gereimt hat. Endlich hat sie – na ja, fast jedenfalls – den Dreh raus. Nachdem sie so oft geübt hat!

Er steht auf, um Uroma dabei zu helfen, in den Sarg zu steigen. Auf seinem Handydisplay sieht er, dass es gleich halb fünf ist.

„Macht es euch ein bisschen gemütlich. In der Küche ist noch genügend Essen. Aber vergesst nicht, hinter euch abzuschließen!", sagt Uroma. Sie schlägt die Decke auf, um sich in den Sarg zu legen. „Jetzt bin ich wirklich satt an Tagen!", sagt sie laut.

Sie sieht gut aus, findet Mikael. Hat eine nette Frisur und ein hübsches Totenhemd. Um den Sarg liegen Blumen, Spitze säumt den schönen weißen Kissenbezug und inmitten dieser Pracht liegt Uroma – seine Uroma, die gleich tot sein wird.

„Falls ihr vor oder nach meinem Tod noch ein Foto von mir machen wollt, nur zu", ist aus dem Sarg zu hören.

Papa holt sein Handy raus, steht auf und tritt an den Sarg. Mikael geht ein Stück zur Seite, damit auf dem Foto auch wirklich nur Uroma zu sehen ist.

Ingrid hat auch ihre Kamera rausgeholt und knipst drauflos, bis Mikael sagt, dass Uroma sich jetzt aufs Sterben konzentrieren muss.

Es wird mucksmäuschenstill. Mikael sieht, dass die Uhr Viertel vor fünf anzeigt. Er lächelt Uroma zu und nickt, denn jetzt soll sie sterben, was das Zeug hält. Er ist gespannt.

Ob sie es schafft?

So still ist es in Uromas Haus bestimmt noch nie gewesen. Keine Musik, kein Radio – und keine Uroma, die Selbstgespräche führt. Ganz still ist es. Mikael hört nichts weiter als seinen eigenen Herzschlag. Alle Blicke sind auf den Sarg gerichtet.

Ein tiefes Einatmen und ein kleiner Schnorchellaut sind zu hören.

Alle gucken sich an. Hat Uroma es geschafft?, fragt sich Mikael. Er wartet noch einen Augenblick, bevor er aufsteht und zum Sarg schleicht. Er will sehen, ob Uroma wieder ausatmet. Aber sie liegt vollkommen unbeweglich da.

Er schreckt zusammen, als sich irgendjemand räuspert. Auch Uroma räuspert sich. Sie bewegt sich leicht. Also ist sie nicht tot. Er guckt auf sein Handy. Es ist drei Minuten nach fünf.

„Es kann etwas dauern, bis alles zum Stillstand kommt", wispert er.

„Wie lange hat Uromas Körper ihren Dienst getan! So mir

nichts, dir nichts lässt er sich nicht abstellen", fügt er hinzu und setzt sich wieder. Zwischen Mama und Papa.

Erneut kehrt Stille ein. Alle warten.

Mikael sieht aus dem Fenster. An den Bäumen hängen nur noch vereinzelt ein paar Blätter. Die meisten sind schon abgefallen.

Und jetzt ist es an Uroma loszulassen. Erneut atmet Uroma tief ein und erneut gucken sich alle an und recken die Hälse. Alle Ohren sind dem Sarg zugewandt. Atmet sie auch wieder aus? Mikael zählt im Stillen mit: eins, zwei, drei! Vielleicht hat sie's jetzt geschafft? Alle horchen.

Das ist mindestens so spannend wie der U-Boot-Ausflug, denkt Mikael.

„Ich brauche Kaffee!", schallt es plötzlich aus dem Sarg.

Alle schrecken zusammen. Uroma setzt sich mit einer Geschwindigkeit in dem weißen Sarg auf, die Mikael noch nie an ihr gesehen hat.

„Jetzt weiß ich, was ich vergessen habe. Herrjemine, mein Schließfach bei der Bank! Ich hab vergessen, mein Schließfach zu leeren und meiner übellaunigen Freundin den Kaffee zu geben, den ich ihr schulde. Den exklusiven Kaffee!" Uroma sieht sich verwirrt um. „Ich kann doch nicht sterben, bevor ich das Fach geleert habe. Ich wusste doch, dass da irgendwas war!"

Uroma springt aus dem Sarg auf und Mikael geht schnell zu ihr, um ihr zu helfen.

Im Zimmer macht sich eine seltsame Stimmung breit.

202

Natürlich freuen sich alle, dass Uroma noch am Leben ist, gleichzeitig verspüren sie aber auch ein wenig Enttäuschung darüber, dass es nicht funktioniert hat.

Zuerst sehen sich alle nur an – dann fangen sie an, wild durcheinanderzureden. Das Stimmengemurmel schwillt an – es summt wie in einem Bienenstock. Alle diskutieren, ob es überhaupt funktionieren kann, durch reine Willenskraft zu sterben.

Mikael sieht, dass Ingrid sich ganz besonders freut. So wie Mama und Papa.

„Das ist mal wieder typisch für dich", macht Uromas Tochter sich bemerkbar. „Verursachst erst so einen Wirbel und dann wird nichts daraus", gibt sie säuerlich von sich. Aber im selben Atemzug meint sie, wie schön es doch sei, dieses Jahr wieder gemeinsam Weihnachten feiern zu können.

Mikael hofft, dass nicht auch noch andere auf die Idee kommen, Uroma schlechtzumachen. Schließlich hat sie ihr Bestes gegeben!

Uroma aber macht keinen betrübten Eindruck. Sie strahlt übers ganze Gesicht und rekelt sich.

„Gestundete Zeit – dass ich das noch erleben darf!" Sie dreht sich in ihrem Leichenhemd, auf das sie so stolz ist, im Kreis. „Mein Überstundenkonto ist im Plus – das war es noch nie. Hi, hi, jetzt darf ich auch endlich mal Überstunden abbummeln!" Uroma kichert, während sie ihr Haar und das Leichenhemd richtet.

Dann wird ihr klar, dass sie nun nicht sofort ihr Schließfach leeren und den Kaffee kaufen kann. Ihr Blick schweift über die

Gästeschar. Manche sind von weit her angereist. Sie fänden es bestimmt nicht so toll, jetzt gleich wieder nach Hause fahren zu müssen.

„Ich schlage vor, dass wir morgen ein großes Familienfest veranstalten! Lasst uns diese letzte Frist, die mir geschenkt wurde, feiern. Wir schmeißen im Zelt eine Party, machen das Gefrierfach leer und benutzen die restlichen Tassen. Sind alle dabei?", fragt sie.

„Herrlich, ein Fest!", antwortet Ingrid prompt und sagt, dass sie gerne kommt. Die anderen sind auch dafür – andere Pläne haben sie sowieso nicht. Schließlich hatten sie vor, daheim Uromas Tod zu beweinen.

Mikael gibt seiner Mutter ein Zeichen, dass sie ihm in die Küche folgen und ihm beim Kaffeekochen helfen soll.

Der Rest des Abends verläuft gemütlich. Niemand schimpft über Uroma, alle reden miteinander und tauschen schöne Erinnerungen aus. Sie lassen sich Kuchen und Brötchen schmecken und trotzdem ist noch genug für den nächsten Tag übrig.

Mikael schickt Signe eine SMS und fragt sie, ob sie Lust hat, morgen mit ihnen zu feiern. Sie und ihre Mutter einzuladen, findet Uroma eine prima Idee. Sie ruft auch noch ihren alten Neffen an, der Schifferklavier spielt. Sie erklärt ihm, dass sie eine Abschiedsparty veranstalten würde und es doch schön wäre, wenn er zum Tanz aufspielen könne.

Der Neffe hatte es nicht ertragen können, Uroma sterben zu

204

sehen, und ist hocherfreut, als er nun hört, dass sie noch am Leben ist.

Innerhalb einer Stunde ist alles für die Abschiedsparty vorbereitet.

Signes SMS trifft ein, als Mikael dabei ist, seine Sachen zu packen. Er freut sich wahnsinnig, als er das Smiley auf dem Handy-Display sieht. **Bis morgen!**, steht da.

Bis morgen!, antwortet er, faltet seinen Pulli zusammen und legt ihn in den Koffer.

Er freut sich darauf, morgen wieder nach Hause zu fahren, und auch darauf, Signe wiederzusehen. Was sie in der Schule wohl dazu sagen werden? Dass Uroma gar nicht gestorben ist? Fast vierzehn Tage schulfrei – und das, ohne eine Leiche oder eine Beerdigung vorweisen zu können!

Uroma ist nach dem heutigen Tag ganz erschöpft und Mikael geht es nicht anders. Wer hätte gedacht, dass Sterben so anstrengend sein kann?

Mikael und Uroma sind zu Bett gegangen, hören aber, dass sich die anderen im Erdgeschoss noch amüsieren. Gelächter dringt herauf, sie scheinen sich lustige Geschichten zu erzählen – jedenfalls klingt es so.

Uroma hat vorhin mit ihrer Ärztin telefoniert, um ihr mitzuteilen, dass sie noch am Leben ist. Sie hat sie auch eingeladen, morgen dabei zu sein.

Zur Abwechslung liest Mikael heute einmal Uroma vor. Das

Buch handelt von einem Mädchen namens Heidi. Sie besucht ihren Großvater im Hochgebirge. Heidi liebt ihren Großvater über alles. Eine schöne Geschichte, findet Mikael.

„Wie lieb von dir! Lies bitte weiter, bis ich eingeschlafen bin, ja? Als mir zuletzt jemand vorgelesen hat, war ich so alt wie du", sagt Uroma und lässt ihre Dritten ins Wasserglas auf dem Nachttisch plumpsen.

Überstunden

„Jetzt geht's um Leben oder Tod!" Uroma springt aus dem Bett und streift ihr Totenhemd über.

„Als Erstes muss ich zur Bank. Zuerst zur Bank und dann den Kaffee abliefern. Sonst wird meine ehemalige Freundin noch bis zu ihrem Tod Zeter und Mordio schreien, weil der Gerechtigkeit nicht Genüge getan wurde. Und auf meine Kosten wird sie sich nicht amüsieren – dieses Vergnügen gönne ich ihr nicht! Aber jetzt muss ich mich beeilen, damit ich alles schaffe. Es kann sich ja nur noch um Stunden handeln", murmelt sie vor sich hin.

Mikael ist wach und steht ebenfalls auf. Uroma beeilt sich, in die Küche zu kommen und Kaffee aufzusetzen, während Mikael ins Bad flitzt und sich schnell anzieht.

Uroma bummelt Überstunden ab. Ihr ist noch ein letzter Aufschub gewährt worden und sie muss rechtzeitig ihr Schließfach erreichen, das sie gestern Nachmittag am Sterben gehindert hat. Dass so eine winzige Kleinigkeit den Tod verhindern kann, hätte Mikael nicht gedacht. Mikael macht sich nicht die Mühe, sich zu waschen. Keine Zeit. Er putzt noch nicht mal die Zähne, sondern läuft nach unten.

Uroma ist ins Wohnzimmer gegangen. Dort ist alles still bis auf ein Schnarchen. Die Luft ist zum Schneiden dick.

Auf dem Sofa liegt eine Gestalt. Mikaels Blick gleitet zum Fußboden, denn dort liegt auch jemand auf dem Teppich. Im Sessel schläft Uromas Tochter. War bestimmt spät geworden gestern.

Wie gut, dass Mama und Papa wieder nach Hause gefahren sind, denkt Mikael. So voll, wie das hier ist!

Seine Eltern wollten am frühen Nachmittag wiederkommen – und bis dahin ist es nicht mehr lange hin. Er schleicht auf leisen Sohlen zurück in die Küche, wo Uroma nach den Autoschlüsseln und ihrer Jacke greift und gleichzeitig versucht, ihren Kaffee auszutrinken.

Sie hat es eilig.

„Wir müssen los, Mikael. Du liebe Zeit, wer weiß schon, wie lange dieser Aufschub noch währt?", flüstert sie und geht durch die Tür. Mikael folgt ihr auf den Fersen.

Sie müssen mitten in die Stadt. Uroma fährt schnell, aber nicht so schnell wie damals, als sie den Chili gegessen hatte.

„Was willst du denn aus deinem Schließfach holen? Geld?", fragt er und wirft Uroma einen Blick zu, die gerade hoch konzentriert in einen Verkehrskreisel einbiegt.

„Nein, ich hab keinen roten Heller gespart. Es handelt sich um etwas viel Wertvolleres. Du wirst es mit eigenen Augen sehen – sofern ich es noch rechtzeitig schaffe", sagt sie, gibt Gas, setzt den Blinker und verlässt den Kreisel.

Sie passieren das Einkaufszentrum. Plötzlich fängt Uroma an zu lachen.

„Mann, war das eine Aufregung mit diesem verflixten Gewürz, Mikael", meint sie. Daran hatte Mikael auch gerade gedacht!

Uroma biegt auf einen Parkplatz ein und bittet Mikael, ihre Handtasche aufzusammeln, die auf dem Fußboden des Beifahrersitzes liegt. Sie schließt das Auto ab und geht mit raschen Schritten Richtung Bank.

„Denk daran, dass du anschließend noch exklusiven Kaffee kaufen musst", erinnert Mikael sie. Er muss beinahe laufen, um mit ihr Schritt halten zu können. Sie treten durch eine Tür, die sich von selbst öffnet, und sind in der Bank.

Vor ihnen warten bereits einige Leute. Mikael zieht einen Zettel mit einer Nummer aus einem kleinen Kasten: Nummer 42. Er wirft einen Blick auf die rot leuchtende Ziffernanzeige an der Wand. 35 steht da. Das heißt, dass sie noch etwas warten müssen, bis sie dran sind.

Uroma wird unruhig.

„Für so was hab ich jetzt keine Zeit, Mikael. Die Uhr tickt und ich habe wirklich keine Lust, mitten in der Bank tot umzufallen", sagt sie hektisch und steuert geradewegs auf einen Schalter zu.

Hinter dem Schalter sitzt eine junge Frau, die mit einem Kunden ins Gespräch vertieft ist.

„Entschuldigen Sie!", ruft Uroma energisch.

Mikael ist Uromas Drängelei peinlich. Er tritt ein Stück zur Seite und guckt, ob viele das beobachtet haben. Aber wie es scheint, hat nur eine Person etwas davon mitgekriegt. Mit einem bösen Blick sieht sie Uroma an.

„Hören Sie mal, meine Frist läuft ab. Ich hätte eigentlich gestern um fünf Uhr sterben sollen", sagt Uroma einen Tick zu laut. „Aber gestern hat das mit dem Sterben nicht funktioniert, weil mir noch ein paar Sachen für meinen Sarg fehlten, der in meinem Wohnzimmer auf mich wartet. Ich muss mich beeilen, denn ich könnte jeden Moment mein Leben aushauchen. Lassen Sie mich vor? Hier tut schnelle Hilfe not!", fleht sie klar und deutlich.

In der Bank wird es still.

Alle haben Uromas Worte mitbekommen und starren sie an.

Mikael tut so, als würde er ein Plakat über Rentenvorsorge studieren. Aus dem Augenwinkel heraus beobachtet er die Reaktion der Frau hinter dem Schalter. Sie ist vom Stuhl aufgesprungen.

Der Mann, der mit ihr ins Gespräch vertieft war, weicht erschrocken zurück. Er weicht so weit zurück, dass er gegen einen Kinderwagen stößt und beinahe hingefallen wäre.

Typisch Uroma, so einen Wirbel zu verursachen, geht Mikael durch den Kopf. Seine Augen fixieren das Plakat vor sich. Die Frau hinterm Schalter geht schnell eine Treppe hinab, gefolgt von Uroma. Weg sind sie.

So wie gestern bei Uroma hebt in der Bank ein wildes Stimmengemurmel an.

„Sterben!", dringt eine Stimme an sein Ohr.

„Mein Sarg wartet", wird an anderer Stelle laut.

Auf den Gedanken, dass jemand das Sterben üben könnte, ist wohl noch keiner von ihnen gekommen, denkt Mikael. Er studiert das langweilige Plakat ein weiteres Mal, während er darauf wartet, dass Uroma wieder die Treppe heraufkommt.

Kurze Zeit später kann er sie hören.

„Schau her, Mikael, ich hab's geschafft!" Triumphierend winkt sie mit einem Stapel Papiere, die von einem schönen silberfarbenen Band zusammengehalten werden. „Tausend Dank, dass Sie mich vorgelassen haben!", ruft sie dem Mann zu, der immer noch am Schalter steht und wartet. „Ach ja, und einen schönen Herbst noch Ihnen allen!", ergänzt sie, bevor sie aus der Bank marschiert.

Mikael läuft hinterher. Er muss auf dem Weg zum Auto ihre Handtasche halten. Welche Wertpapiere Uroma wohl unbedingt noch vor ihrem Tod von der Bank holen wollte?, fragt er sich.

Uroma steuert zielstrebig auf das gegenüberliegende Geschäft zu, um Kaffee zu kaufen. Mikael wartet lieber draußen. Man weiß ja nie – nachher ist dort auch eine Schlange.

Als Uroma wieder auf die Straße tritt, lächelt sie fröhlich, wie Mikael sieht. Uroma ist froh, weil sie exakt den Kaffee bekommen hat, den sie ihrer ehemaligen Freundin schuldet.

„Und jetzt werde ich das tun, was ich viele Jahre versäumt und zutiefst bereut habe. Alles wird gut, das habe ich im Gefühl", sagt sie, als sie wieder den Motor des Autos anlässt.

„Was du zutiefst bereut hast – was hast du denn bereut?", fragt er.

„Das wirst du gleich sehen – sofern sie zu Hause ist", antwortet Uroma und düst los.

Uroma erzählt ihm von den Briefen, die im Schließfach gelegen haben – Liebesbriefe von ihrem Mann. Und die wollte sie mit in den Sarg nehmen. Niemand soll diese wunderbaren Worte lesen. Sie sind allein für sie bestimmt.

Das hört sich gut an, findet Mikael. Er hat auch ein paar schöne Erinnerungen an Santus, die er mit niemandem teilen möchte.

„Jetzt geht die Post ab, tärätätää!", verkündet Uroma plötzlich auf dem Weg zu ihrer ehemaligen Freundin. Ihren Gesichtsausdruck könnte man beinahe verwegen nennen, findet Mikael und erinnert sich an das Aufeinandertreffen der beiden Frauen beim Friseur.

Er ist ein bisschen angespannt. Das muss ja etwas sehr Ernstes gewesen sein, wenn die beiden seit so langer Zeit zerstritten sind?

Uroma bleibt vor einem Reihenhaus stehen. Die Art und Weise, wie sie den Kaffee in die Hand nimmt und aus dem Auto steigt, wirkt sehr energisch.

Mikael bleibt sitzen. Er rollt die Scheibe herunter, sodass er sehen und hören kann, was passiert.

An der Tür hängt ein Schild, auf dem *„Willkommen!"* steht. Uroma klingelt. Es dauert lange, bis die Tür geöffnet wird. Uromas ehemalige Freundin erscheint im Türrahmen und sieht nicht gerade begeistert aus, als sie sieht, wer draußen steht.

„Ach, du bist das nur?", hört Mikael sie sagen.

Uroma tritt einen kleinen Schritt zurück und streckt die Hand mit der Kaffeepackung aus.

„Da hast du endlich deinen exklusiven Kaffee! Jetzt hast du keinen Grund mehr, deswegen sauer zu sein", sagt Uroma. „Außerdem will ich dir für unsere Streitgespräche danken. Ab und zu war das ja ganz lustig", fährt sie fort. „Aber das, was du damals gemacht hast, war so gemein, dass ich mich nicht überwinden kann, dir das zu Lebzeiten zu vergeben."

„So schlimm war das nun auch wieder nicht", erwidert ihre Freundin kurz angebunden. „Zum Trost hab ich dir immerhin Milchschokolade mitgebracht, das hast du wohl völlig vergessen, was?", faucht sie und wirft Uroma einen giftigen Blick zu.

Mikael beginnt sich allmählich wirklich zu fragen, worum es hier geht.

„Pah!", zischt Uroma. „Eine kleine Tafel Schokolade lässt sich wohl kaum mit einem ganzen Tag in der Fabrik vergleichen! Einen ganzen Tag in der Süßwarenfabrik, zwischen Bonbons und anderen Leckereien, den wir gemeinsam gewonnen hatten! Ich hatte genauso viele Kreuzworträtsel gelöst wie du, das hast du selbst mehrfach zugegeben. Und dann hast du einfach jemand anders mitgenommen. Behandelt man so eine gute Freundin?!" Uroma ist mittlerweile außer sich vor Wut.

Na, ob das gleich noch blutige Nasen gibt?, fragt sich Mikael.

Uromas Freundin ist inzwischen ganz vor die Tür getreten und steht direkt vor ihr.

„Du hättest damals sowieso nicht so viel Süßes vertragen. Bedank dich lieber bei mir, dass ich dir dabei geholfen habe, auf deine Gesundheit zu achten, du undankbares Stück!" Die Freundin hebt den Zeigefinger und fuchtelt damit vor Uromas Nase herum.

Uroma sieht rot. Sie guckt den Finger an, als ob er ein rotes Tuch wäre, und atmet schwer.

„Nimm sofort den Finger runter oder es geschieht ein Unglück! Du weißt, dass ich den nicht leiden kann!", schreit Uroma. Sie legt die Hände auf die Schultern ihrer alten Freundin.

„Das hätte ich schon vor Jahren machen sollen!" Uroma versetzt ihrer Freundin einen Schubs.

Die Freundin fällt nach hinten.

Mikael kann fast nicht glauben, was er da sieht. Uroma hat ihre alte Freundin geschubst! Ein, zwei Sekunden lang überlegt er, ob er ihr zu Hilfe kommen soll. Die alte Frau ist so perplex, dass sie keinen Ton mehr sagt.

„So!", sagt Uroma mit strenger Stimme. „Eigentlich hättest du auf dein Zimmer gehen und dich schämen sollen. So viele Minuten, wie du Jahre auf dem Buckel hast, hättest du auf deinem Zimmer schmoren und über dein schändliches Verhalten nachdenken sollen. Man stelle sich vor – da gewinnt jemand ein Preisausschreiben und nimmt den zweiten Preisträger nicht mit! Einen ganzen Tag in der Süßwarenfabrik. Süßigkeiten naschen bis zum Abwinken! 87 Minuten Nachdenken wären dabei herausgekommen! Adieu!", schließt Uroma.

Mit Volldampf hält sie aufs Auto zu. Mikael ist sprachlos. Er guckt Uroma an, die geschwind den Motor anlässt und die Straße hinunterbraust.

„Das hat gutgetan, Mikael! War nicht gerade die feine Art, aber nötig! Habe jahrelang bereut, damals nicht mit ihr abgerechnet zu haben. Hast du einen Schreck gekriegt?", fragt sie.

Aber Mikael hat in seinem Leben schon blutigere Raufereien mitansehen müssen, so furchtbar erschrocken ist er also nicht. Er schüttelt den Kopf.

„Nicht erschrocken. Ich bin vor allem erstaunt, dass du sie geschubst hast. Hast du ein Glück, dass du nicht mehr zur Schule gehst, Uroma. Das hätte einen blauen Brief gegeben", antwortet er.

„Meinst du, du wirst irgendwann auch bereuen, was du gerade getan hast?", fragt er sie auf dem Nachhauseweg nachdenklich.

„Nicht die Spur!", erwidert Uroma.

Bei Uroma zu Hause ist fast alles wie gestern: Gäste kommen und es gibt Essen. Die Ärztin trifft ein und der alte Neffe mit seinem Schifferklavier wird abgeholt. Ein paar Nachbarn gesellen sich dazu und Ingrid, Mama, Papa, Signe und ihre Mutter sind da. Und alle, die gestern auch schon da waren.

Als Erstes legt Uroma den kleinen Stapel Briefe, den sie aus ihrem Schließfach geholt hat, unters Kopfkissen in den Sarg. Heute kümmern sich zur Abwechslung einmal die Erwachsenen um alles. Mikael hat seinen Teil der Arbeit erledigt. Er hat seinen Koffer gepackt und das Erinnerungskästchen von Uroma danebengestellt. Für seine Abreise ist alles fertig.

Uroma sitzt auf der Treppe. Sie hat eine Decke um sich geschlungen und sieht müde, aber vergnügt aus. Der Herbst hat den Sommer endgültig verdrängt. Die Gäste sind ausgelassen. Jeglicher Zorn darüber, dass es Uroma gestern nicht gelungen ist, das Zeitliche zu segnen, scheint verpufft. Man trinkt Kaffee und futtert erneut fröhlich bunte Kuchen. Ingrid ist wirklich eine Meisterin im Kuchenbacken! Uroma lacht.

Mikael geht umher und wechselt mit allen ein paar Worte, vor allem aber mit Signe.

„Mikael, kannst du bitte mal kurz herkommen?", ruft Uroma, als er mit einem Krug Saft an ihr vorbeigeht.

Mikael sieht sie fragend an.

„Kannst du mal eben Kavalier spielen und mich zur Hängematte begleiten? Ich könnte ein kleines Nickerchen vertragen", sagt sie liebenswürdig und steht auf.

Sie nimmt die Wolldecke in die Hand und geht auf ihn zu. Mikael salutiert so, wie es der Offizier getan hatte – jedenfalls seiner

216

Erinnerung nach. Manche Frauen mögen so etwas anscheinend, zumindest Uroma.

Aus dem Partyzelt klingt Gesang und Musik herüber. Schifferklavier und Elvis! Uroma lacht leise in sich hinein. Dann macht sie es sich in der Hängematte bequem. Mikael breitet die Decke über sie aus und knöpft ihr die beiden obersten Knöpfe der Strickjacke zu. Packt sie mollig ein, damit sie nicht friert, und streichelt ihr übers Haar, so wie sie es unzählige Male bei ihm getan hat. Uroma hat das ebenfalls gern, auch wenn sie schon alt ist. Irgendwie sieht sie heute so winzig aus in der Hängematte.

Er fasst oben an die Matte und gibt ihr Schwung. Das mag sie auch.

„Danke, Mikael, du bist ein Schatz!", sagt sie sanft.

„Du aber auch, Uroma. Und selbst wenn du das mit dem Sterben nicht geschafft hast – dafür bist du unschlagbar im Leuteschubsen." Mikael guckt sie grinsend an. „Hoffe, mein Lehrer ist nicht allzu streng mit mir – weil du das mit dem Sterben nicht hingekriegt hast. Vierzehn Tage schulfrei!"

Uroma zwinkert ihm zu, als ob sie sagen wollte: Nicht so schlimm, das ist Pipikram, Mikael. „Ich habe das Sterben zumindest üben können", meint sie leise.

Uromas Augenlider beginnen zu flattern. Er gibt ihr noch einmal Schwung, bevor er ihr zuwinkt. Er sieht, dass Uroma schon fast eingeschlafen ist.

Mikael geht zu Signe und ihrer Mutter. Sie sprechen gerade mit seinen Eltern. Papa fragt, ob es schlimm sei, dass sie das Haus nun nicht mieten können, weil Uroma nicht wie geplant gestorben sei. Er verspricht, sich sofort zu melden, wenn das Haus frei wird.

Organistin Ingrid sitzt neben Uromas Tochter und unterhält sich mit ihr. Zum ersten Mal sieht Mikael Papas alte Tante aus vollem Halse lachen. Papas Onkel spielt Schifferklavier und stimmt das Lied an, das sie immer zusammen gesungen haben und das Uroma so liebt. Gemeinsam singen sie von Geigen und Timotei. Alle scheinen guter Dinge zu sein, sogar das Partyzelt bewegt sich leicht im Takt. Uromas Kleider, die jetzt so viele Menschen beherbergen und mit denen so viele gute Erinnerungen verbunden sind.

Kurz darauf geht Mikael auf den Hof und sieht einen Vogelschwarm südwärts ziehen. Er wirft einen Blick zur Hängematte hinüber und stellt fest, dass bei Uroma alles ruhig ist.

„Dann werde ich es an ihrer Stelle sagen", flüstert er vor sich hin. „Gute Reise, ihr Kleinen, und fliegt vorsichtig!" Er folgt ihnen mit den Augen und wartet noch einen Moment, bevor er hinzufügt: „Und hoffentlich bis nächstes Jahr."

Mikael hebt die Hand, so wie Uroma es immer macht, und winkt ihnen nach. Er sieht, dass ein paar Leute dabei sind, ihre Sachen zu packen, weil sie aufbrechen wollen, und schlendert zur Hängematte hinüber.

„Uroma, genug geschlafen! Ein paar Leute wollen sich gerne noch von dir verabschieden, bevor sie nach Hause fahren." Mikael guckt Uroma an. Sie liegt ganz still. Auf ihrem Mund liegt ein Lächeln. Genau wie gestern.

„Uroma? He, Uroma, jetzt musst du aber mal aufwachen!", sagt er ein bisschen lauter.

Aber Uroma wacht nicht auf.

Mikael rennt zu ihrer Ärztin und bittet sie, schnell zu kommen. Im Partyzelt wird es plötzlich ganz still. Alle gehen zur Hängematte.

Die Ärztin beugt sich vor und misst Uromas Puls.

Sie sieht Mikael an, als sie sich wieder aufrichtet. Da versteht Mikael, was geschehen ist. Uroma ist tot. Sie hat ausgeatmet, aber nicht mehr eingeatmet.

Sie hat es geschafft. Uroma hat es geschafft zu sterben. Sie musste nur ihre Überstunden abbummeln. Mikael ist froh und tieftraurig zugleich. Er wird sie fürchterlich vermissen!

Mama und Papa kommen zu ihm herüber. Sie halten ihn fest an sich gedrückt. „Typisch Uroma", flüstert Papa.

Papa steht nicht unter Schock, bemerkt Mikael. Er hat sich inzwischen vermutlich an den Gedanken gewöhnt, dass Uroma das Alter zum Sterben hat. Mikael lässt seinen Blick über die Umstehenden schweifen.

„Ist es falsch, wenn wir applaudieren, weil sie es geschafft hat?" Er dreht sich zu Mama um und wirft einen schnellen Blick in die Runde.

„Überhaupt nicht. Das wäre ganz in Uromas Sinn", antwortet Mama prompt.

Mikael fängt an zu applaudieren. Erst leise und zaghaft, dann schneller und lauter.

Er spürt, dass ihm die Tränen kommen. Dann applaudiert auch Papa, Mama schließt sich an, dann Signe und alle anderen, die um ihre Hängematte stehen. Sie applaudieren Uroma. Der sturen, liebenswerten und einzigartigen Uroma!

Jetzt müssen sich alle daran gewöhnen, dass es keine Uroma mehr gibt: keine Uroma mehr, die tanzt, die Schifferklavier hört und Elvis singt. Über Mikaels Gesicht huscht ein trauriges Lächeln. Aber er ist auch froh, dass sie geschafft hat, was sie sich vorgenommen hat.

Er tritt dicht an die Hängematte und sieht Uroma an. So friedlich und schön liegt sie da – tot. Er streichelt ihre Wange. Angst hat er keine. Sie sieht jetzt nur noch kleiner aus als vorhin.

Alle haben aufgehört zu applaudieren und sehen ihn an. Er räuspert sich leicht, bevor er mit fester Stimme zu sprechen beginnt, damit alle verstehen können, was er sagt.

„Dann sehen wir uns bei der Beerdigung. Damit haben wir uns nämlich viel Mühe gegeben. Es wäre schön, wenn jeder eine kleine Blume – nur eine – mitnehmen könnte, die zu Uroma gepasst hätte. Sie soll auf den Sarg geworfen werden, wenn Uroma aus der Kirche getragen wird. Uroma hat sich auch einen kleinen Kranz aus Bonbons auf dem Sarg gewünscht."

Organistin Ingrid nickt und lächelt ihm zu.

„Uroma kommt jetzt unter die Erde", fährt er mit fester Stimme fort und fügt dann hinzu: „Und Uroma und ich sind …" Mikael gerät ins Stocken und denkt kurz nach, bevor er sich korrigiert: „Uroma war …!" Mikael holt tief Luft.

„Uroma war und ich bin davon überzeugt, dass die Erde sie liebend gerne aufnimmt!"

Sylvia Heinlein
Mittwochtage oder „Nichts wie weg!", sagt Tante Hulda

Mit Bildern von Anke Kuhl
128 S., geb., ISBN 978-3-8369-5276-7

„Tante Hulda ist ein Plüschi", sagt Saras Vater. Aber das stimmt nicht, ihre Tante ist ein Mensch mit besonderen Fähigkeiten!
Und jetzt reicht es Sara endgültig. Ohne sie beide auch nur zu fragen, haben ihre Eltern entschieden, dass Tante Hulda umziehen soll: von der Stadt aufs Land, in eine andere Wohngemeinschaft mit mehr Betreuung für Menschen wie sie.
Doch dann könnten sich Sara und Tante Hulda nur noch ganz selten sehen! Die beiden reißen aus, setzen sich einfach in den Zug – und ein Abenteuer beginnt!

www.gerstenberg-verlag.de

Gudrun Pausewang

Die Oma im Drachenbauch und andere Omageschichten

Mit Bildern von Henning Löhlein
112 S., geb., ISBN 978-3-8369-5275-0

Mario fährt mit seiner Oma zu einem internationalen Drehorgeltreffen an den Bodensee, wo die beiden unversehens in einem Drachenbauch landen, während Oma Ida, vom Blitz getroffen, immer jünger wird. Und Rotkäppchens Omi? Zusammen mit ihrem Lebensgefährten, dem Jäger, päppelt sie den halb verhungerten Wolf wieder auf.

Zwölf Omageschichten – humorvoll, hintersinnig und herrlich schräg!

www.gerstenberg-verlag.de

Eli Rygg, 1951 in Norwegen geboren, ist ausgebildete Kinder-
pflegerin und war mehrere Jahre für das norwegische Kinderradio
und -fernsehen tätig. Seit 1998 schreibt sie Kinderbücher, daneben
arbeitet sie in der Kinder- und Jugendhilfe.

Diese Übersetzung wurde mit Unterstützung von NORLA ver-
öffentlicht.

1. Auflage 2012
Die Originalausgabe erschien erstmals 2010 unter dem Titel *Typisk oldemor*
Copyright © Gyldendal Norsk Forlag AS, 2010
All rights reserved
Deutsche Ausgabe Copyright © 2012 Gerstenberg Verlag, Hildesheim
Alle deutschsprachigen Rechte vorbehalten
Übersetzung: Nina Hoyer
Umschlagillustration: Markus Grolik
Satz: psb, Berlin
Druck und Bindung: fgb · freiburger graphische betriebe
Printed in Germany

www.gerstenberg-verlag.de

ISBN 978-3-8369-5392-4